最强大脑训练

# 玩出聪明头脑

## 清除思维障碍的智力开发游戏

### 赵　霞◇编著

北京联合出版公司
Beijing United Publishing Co.,Ltd.

图书在版编目（CIP）数据

玩出聪明头脑．清除思维障碍的智力开发游戏 ／ 赵
霞编著．-- 北京：北京联合出版公司，2014.11（2022.1重印）
（最强大脑训练）
ISBN 978-7-5502-4085-8

Ⅰ．①玩… Ⅱ．①赵… Ⅲ．①智力游戏－青少年读物
Ⅳ．①G898.2

中国版本图书馆CIP数据核字(2014)第268735号

# 玩出聪明头脑
## 清除思维障碍的智力开发游戏

编　著：赵　霞
选题策划：大地书苑
责任编辑：陈昊　王巍
封面设计：尚世视觉
版式设计：李　霞

北京联合出版公司出版
（北京市西城区德外大街83号楼9层　　100088）
北京一鑫印务有限责任公司印刷　新华书店经销
字数200千字　710毫米×1000毫米　1/16　12印张
2014年11月第1版　2022年1月第3次印刷
ISBN 978-7-5502-4085-8
定价：49.80元

# 开发潜在能力
# 玩出聪明头脑

提到孩子的学习问题，有些家长始终搞不清楚，为什么有的孩子脑子不笨，玩的时候表现得很聪明，反应很快，但一学习就出了问题，听不懂课，考试成绩也一团糟。是孩子的智力有问题吗？

当然不是，孩子只是缺乏思维能力的锻炼罢了。我们知道大脑思维能力分很多种，不同的思维能力操控着大脑对不同事物的认识与思考能力，比如：具备良好创意思维能力的孩子就能做到举一反三，在学习上可以主动选择适合自己的学习方式等。

总之，有灵活的思维能力才能够轻松应对各种复杂的事情。当孩子沉浸在游戏中的时候，是他们尽力发掘和表现自己才能的时刻，也是他们最放松、最专注的时刻。不要小看游戏的效力，游戏的世界里充满了创意和想象力，一旦走进思维游戏的天地，你将能够掌握最有效的"大脑体操"，彻底释放大脑的能量。所以，不要盲目埋怨孩子太贪玩，因为严格地讲会玩儿的孩子思维灵活性通常都比较好。只要父母能够积极引导，使他的注意力与思考力聚集到正确的方向上来，您的孩子就是优秀的！

我们精心打造的《玩出聪明头脑：清除思维障碍的智力开发游戏》包含了150个最适合儿童的脑力思维游戏，针对儿童脑力发育的特点，分别从视觉、想象、创意、空间、发散、逆向等7个方面开发孩子的大脑潜能。让孩子在有趣的情境中有滋有味地学知识，在不知不觉中突破常规思维习惯，清除大脑垃圾，提升自己的逻辑、创造、想象等方面的综合能力，成为一个真正拥有顶呱呱大脑的优秀儿童！

还在等什么呢？看，活泼聪明的三个小伙伴和无所不知的布瓜博士正在等待和小读者一起去畅游游戏的智慧世界呢。大家赶快来玩儿有趣的游戏，在游戏中发掘自己的潜能，突破自己的思维极限吧！

小智家养的混血狗，好吃懒做，头脑简单，除了鼻子超级灵敏以外，似乎没有什么别的优点。

**小P**

**小智**

男孩，小学生，头脑聪明、观察细微，最喜欢用自己所学的科学知识来解决谜题，崇拜的名人是爱因斯坦和福尔摩斯，放学以后最喜欢到布瓜博士的实验室玩，因为那里到处都有谜题，就像是一个谜题的博物馆。

**迪奥**

与美美同班的英国留学生，喜欢推理和科学，头脑聪明，又有礼貌，常悄悄给美美一些提示，但美美却常常因过于注意小智的一举一动而觉察不出来。

**布瓜博士**

**美美**

一个绝顶聪明的科学家，他什么都懂，知识丰富得像一本最全的百科全书，他甚至还能告诉你许多连百科全书上都没有的事情。他尤其喜欢收集一些奇奇怪怪的谜题，并用各种方法解决它们，而他的实验室就在小智家附近，所以在这里总是能看到小智和伙伴们的身影。

PS："布瓜"是法语pour quoi的谐音，在法语中是"为什么"的意思。

与小智同年的表妹，总是认为自己比小智更聪明，并且一直很想向别人证明这一点，但总是在关键时刻粗心大意，常常慢小智一步才解开谜题，也因此常觉得非常不甘心。

# 目 录

## 发散思维游戏

## 想象思维游戏

## 逆向思维游戏

游戏答案

# 视觉游戏

# 1 奇妙的桌面幻觉

　　布瓜博士总是会出人意料地提出谜题。这不，今天小智一进门，就看到迎面墙上多了一幅画，旁边是布瓜博士特意留的纸条："这幅图里的两张桌子大小、形状完全一样，你相信吗？"小智很好奇地看了看那幅图，图中的两张桌子明明是大小、形状不一样的嘛，布瓜博士是不是有点老眼昏花，出现错觉了呢？

真奇怪，图里的两张桌子到底一样不一样呢？

# 2 眩晕的螺旋

又是周末了，美美兴冲冲地去找小智玩儿，可是小智出门买东西去了，得等一会儿才能回来。没立刻见到小智，美美有点郁闷，不过独自在家的小P见到美美可高兴了，直咬着美美的衣角把她拉到茶几旁，摇着尾巴不停地上蹦下跳，一会儿又摇摇摆摆地从小智的房间里拖出来一本打开的书。

美美一看就被吸引住了，打开的那一页上有一张很奇怪的图片，看起来很像一个无休止的螺旋，但是，当美美试图用手指去跟踪它的轨迹时，却发现又好像是一个一个的同心圆。

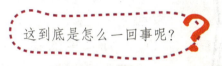

这到底是怎么一回事呢？

# 3 不可能的盒子

这天，小智接到了布瓜博士的电话，让他、美美和迪奥去一趟实验室，看一个新鲜的东西。放下电话，三个人立刻赶到了博士的实验室，可是敲门后，里面却没有人应声，推门进去却发现博士并不在里面，只是电脑屏幕上不断地闪烁着几个字："这个屋子里现在有一个不可能的盒子，你们谁能第一个找到它？"

有一个不可能的盒子，你们谁能第一个找到它？

不可能的盒子？三个人四处寻找了一番，周围的一切看起来都很正常啊，这时，迪奥突然惊喜地叫了一声："啊，我找到了，它就在那儿。"美美和小智顺着迪奥手指的方向看去，只见电脑屏幕上有一个木头做的立方体模型。美美和小智互相看了看，也会心的笑了。果然是个不可能的盒子啊。

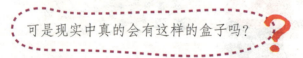

可是现实中真的会有这样的盒子吗？

# 4 不可能的台阶

　　小智最近才发现，布瓜博士家门口的楼梯有点怪怪的。今天，小智、美美和小P一起去博士家，跟在后面的小P一边汪汪叫着，一边一个劲儿地往前冲，小智和美美都进了博士的家门，小P还在楼梯上来回地跑，还不停地汪汪叫着，好像很委屈似的，把两人都弄得莫名其妙。

　　不过，小智仔细地看了一下台阶后，他就知道是怎么回事了。但美美还是有点困惑，她怎么找也找不到最低一级和最高一级的台阶分别在哪里，你能找到吗？

# 5 三角形错觉

附近新开了一家超大的游乐园，听说引进了很多最新的游戏。小智、美美、迪奥三个人当然不会错过这个机会了。这不，周六一大早，三人就一起去了游乐园。

刚一进门，他们就被一个显眼的牌子吸引了，只见上面写着"视觉走廊"几个字。好奇怪的名字！他们决定先玩玩这个。走进门，只见迎面是一条看上去很普通的走廊，仔细一看，走廊两边挂有很多与视觉游戏有关的谜题，其中一道题是这么写的：

图中哪个颜色的线看起来更长？

# 6 波根道夫幻觉

　　别看美美平时总是有点粗心，不过有时聪明劲儿上来，她也能找出不少新题目。你看，周日一大早，美美就兴冲冲地跑进小智家了。小智正在屋里看书，只见美美手里举着一张纸气喘吁吁地跑进来喊道：

　　"小智，小智，看我今天不难倒你！"

　　小智一听就乐了，接着说道："美美，那你准备了什么题目难倒我呢？"这时，美美把手里的纸片放到了小智的面前，小智低头看去，只见黑色的背景上画着四根彩色的线条，其中一根似乎被截去了一段。

　　美美看着小智得意地问道：

　　"你能说出这四根线条里与黄线共线的是哪种颜色的线条吗？"

我可是知道答案哦。

## 7 连续线幻觉

上次美美试图难倒小智，结果没有成功。不过，经过对"波根道夫幻觉"图形的仔细了解，美美开始对这类视觉错觉的图形着迷了，今天她又在一本书里发现了一个有趣的图形（如图）。图中有一系列很完整的"正方形"，看上去它们似乎是彼此分离的。但实际上，它们是由一条连续的线画成的。美美在这里向大家提出另一个问题：

你是否能完整地将这根线从头到尾跟踪下来呢？（起点不限）**？**

# 8 颜色争论

　　学校要进行体检了。迪奥表现得很兴奋。因为他最喜欢体检中测试眼睛对颜色敏感度的一个项目了。这不，一下课，迪奥就和周围的同学火热地聊起天来了，坐在迪奥后面的同学小建说："我们的眼睛真是厉害啊，靠着它我们才可以轻松地分辨出长短、大小、高低以及颜色，真不知道有什么东西是能欺骗眼睛的。"

　　听了小建的话，迪奥笑着说道："我知道什么东西能欺骗眼睛。"

　　"啊？真的吗？那是什么呢？快告诉我。"小建立刻追问道。

　　"答案很简单啊，你先来做做这道题吧，做了题你就知道是什么了。"说着话，迪奥从书包里拿出一本书，翻到了其中的一页，同学们仔细一看，只见图中画着两对大三角形和两对小三角形，这时，迪奥说道："你们能正确描述出图里这几个三角形的颜色吗？"

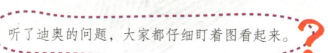

听了迪奥的问题，大家都仔细盯着图看起来。

# 9 这是圆吗

　　迪奥也经常找些这样的题来看，他发现视觉引起的错觉常常会导致人们误判，有时会产生一些很有趣的现象。比如，今天他在一本书里就找到一个这样的题：让大家判断图中的那个图形是一个圆还是一个不规则的图形。

　　不过，迪奥已经有了经验，所以他把这道题拿来让美美解。

　　美美一看就说："中间是个压扁了的圆啊，好像一块被压坏的软软的月饼。"

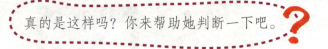

真的是这样吗？你来帮助她判断一下吧。

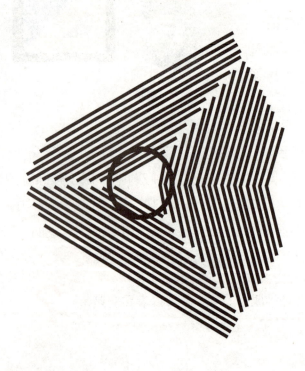

# 10 巧去蓝点

　　虽然在迪奥的题上出错了，但美美的解题兴致也提上来了。她从书包里拿出一本书，翻到一页，指着书中的图说道："迪奥，你能不要闭上眼睛、不用别的东西把它盖住、不翻过去，就把图中的蓝点去掉吗？"

迪奥拿过书仔细地看了起来。

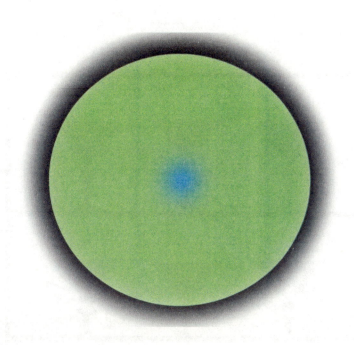

# 11 酒杯还是人像

迪奥根据美美的解释好奇地试了试，果然如此，当盯着图中的蓝点一段时间以后，蓝点果然就不见了。这时，小智从门外走进来了，他手里抖动着一幅大图对两个人说道："快来看，我从博士的实验室里得到了酒杯错觉图。"

"酒杯错觉图？"迪奥和美美不理解地问道。

"是啊，你们能看出不同的酒杯背后描述了什么样的画面吗？"

# 12 奇特的烤肉串

天气晴好的时候，博士就不会闷头待在实验室里忙工作了，他会把该忙的忙完，然后招呼小智几个人一起在院子里聊天或者烤肉。因为博士总是说：只有懂得放松的人才会懂得紧张的意义。今天的晴天聚会主要是烤肉。

不过这次博士拿出来一个奇怪的烤肉架，和平常用的不一样。小智他们看着这个烤肉架都在想同一个问题：如果用这个架子去烤肉，烤肉的人和食用的人谁会更痛苦呢？

# 13 图形幻觉

博士爱写信，不管是发电子邮件还是用纸写信，博士觉得能与人交流就是一件愉快的事。因为自己的家和迪奥、美美、小智的家离得都很近，所以博士有时会把写好的信顺道就投进去，路过谁家就会给谁放点谜题。

今天，迪奥就在自家的信箱里发现了博士的信。里面装的是一张标注了1、2、3、4、5五个部分相似形状的图形（如图），五个图形各有不同的颜色，博士让收到信的人判断它们的大小。

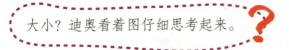

大小？迪奥看着图仔细思考起来。

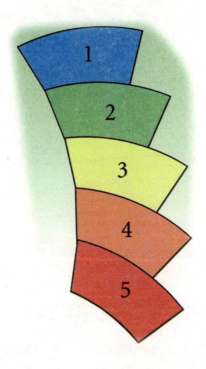

# 14 直线还是曲线

周末小智和美美、迪奥又跑去博士的实验室探宝。这次，他们一进门就发现左手边的墙体装饰变了，都是一道道的线。美美看着这些线说："真奇怪，刷就刷直线，博士为什么刷成曲线了呢？"

迪奥和小智也觉得奇怪：墙上这些线究竟是直线还是曲线呢？

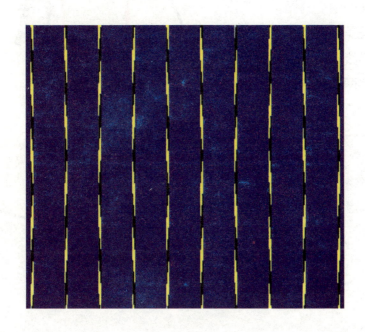

# 15 圆形幻觉

妈妈的朋友杨阿姨带着小妹妹住到了美美家。这可把美美高兴坏了，平常总是她一个人玩儿，觉得没意思。现在有了一个小妹妹，美美就觉得玩儿什么都很有趣。小妹妹太小了，只能坐在桌子前用笔在纸上胡乱地画画儿，美美一会儿画个小皮球逗她玩儿，一会儿又画个小丑逗她笑，但小妹妹却只管用笔在美美的图上瞎画，一个没看见，美美刚画的小皮球上就多了两道线，美美仔细一看，咦，画了两道线的圆形上似乎有了一个缺口。

那么，缺口部分的两端还能够完整地接在一起吗？美美思考起来。

# 16 新米勒·莱尔幻觉

小妹妹的无心之举，反倒促成了一个奇妙的视觉图。美美把这个新的题拿给小智和迪奥看，他们也都觉得很奇妙。三个人唧唧喳喳地说了一会儿，迪奥跑到屋子里拿出了一本书，翻到其中一页，只见上面画着两条绿色的线条。

这时，迪奥问道："小智，美美，你们说这两条绿线哪条更长呢？"

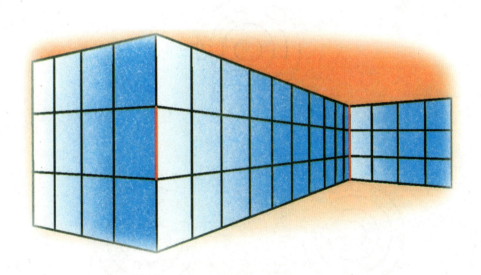

# 17 虚幻的三角

"迪奥，你从哪里买的这本书啊？好多的题哟！"小智一边翻着书页一边说道，"看，这还有一道'虚幻的三角'的题呢。"

"我看看。"美美凑了上来，只见上面有一张图（如图）和一段文字：

**?** 　　你能看见一个三角形吗，并且这个三角形明显比背景颜色显得更亮？

你可能会说，迪奥和小智可都是男孩子啊，怎么天天在屋里解题，都不出去锻炼身体呢？不用疑问了，其实他们在课余和休息时间也会去锻炼的，两个人都很爱打篮球，为此他俩还专门解过一道与球体有关的题呢。题目是这样的：

**18**

## 虚幻的球体

你能从图中看出一个球体吗？**?**

博士在屋里的客厅摆了一个屏风，屏风上画着一个圆，圆内（如图）有多条同方向的弧线，博士在旁边写到：在这些弧线里，只有一条弧线通过了这个圆的圆心。

**19**

## 圆心在哪儿

你能判断一下圆心在哪条颜色的线上吗？当然，要在不用任何测量工具的前提下。**?**

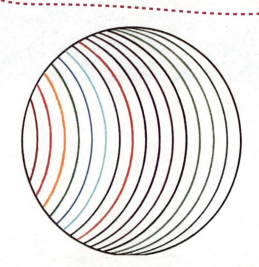

# 20 高度/宽度幻觉

　　破解了屏风谜题后，小智信心满满地走到博士身边，拿着一张纸对博士说道："博士，我们也有一道题想要请您来解。"

　　如图所示，您说A和B各自的高度与宽度是一样的吗？

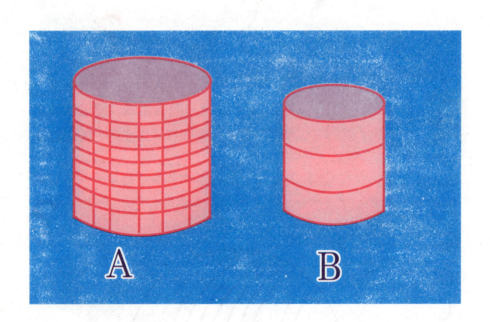

# ⭐21 明星幻觉

上次烤肉时拍的照片冲洗出来了，其中有一张美美正面的照片，小智想要跟美美开一个谜题玩笑，于是用电脑把照片重新加工了一下（如图）。结果美美一看大喊奇怪，直到她把照片倒过来看了一下才发现其中的奥秘。

你能看出小智对美美的照片做了什么样的改动吗？**?**

# 22 买一送一

博士的代步工具一直是一辆自行车，本来有个噼里啪啦机也可以当代步工具，可是坐着噼里啪啦机无法确定目的地的准确方向，而且日常出门也需要节省时间，所以博士决定为自己买一辆小轿车。

美美听到博士要买小轿车的消息很高兴，一来以后可以让博士有空的时候带着自己出去玩儿，二来正好借机让博士解一个最近自己才找到的和汽车有关的谜题。美美的题是这样的：

> 某人花了一辆车的钱买了两辆车，但是他却没法找到第二辆车，你能找到吗？（如图）

# ⭐23 智力测验

迪奥三个人最近一段时间都沉迷于视觉错觉的谜题研究中，博士看着三个这么爱学习的孩子打心眼儿里高兴。今天难得清闲，三个孩子也放了假，博士便让他们来到了自己家，拿出两张图当作谜题来考考他们，两幅图如下：

图1中，红方块儿大，还是蓝方块儿大？或者两个一样大？

图2中，两条横线是弯曲的，还是直的？

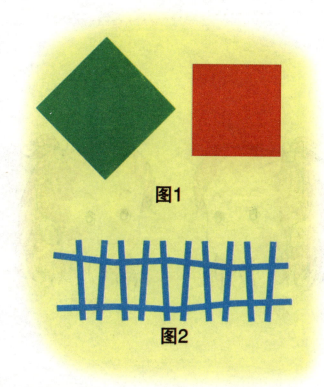

图1

图2

# 24 凝视的方向一致吗

迪奥的姑姑有一对双胞胎女儿，长得一模一样，别人常常把她们俩搞错。前几天，姑姑从美国给迪奥一家寄来了一张双胞胎的合照，在看照片的过程中，迪奥发现了一个有趣的现象。在这张照片里（如图）双胞胎似乎有一个正在看着你，而另一个则看着其他的地方，可是如果仔细做过验证后，就会发现一个有意思的答案。

你能判断出这对双胞胎中谁在望着你吗？莎莉还是爱丽？你知道为什么吗？

莎莉　　　　　爱丽

# 25 三个人

博士有时会利用计算机做些有趣的事情，今天他利用电邮给小智发了三张照片（如图），照片里的人无论从发型还是衣着上看似乎都是同一个人，但是三个人的脸部又明显有不同。这三个人是同一个人吗？

三个人究竟在哪里有不同呢？你来帮帮小智吧。

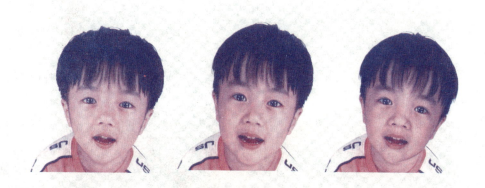

# ⭐ 26 几种颜色

　　妈妈出差回来，给小智带了几本新书，小智爱不释手。其中一本叫做"眼睛的游戏"，里面有和视觉错觉有关的图。有一道以图片为主的题是这么提问的：

　　看一下本图，说出图中有几种颜色。 **?**

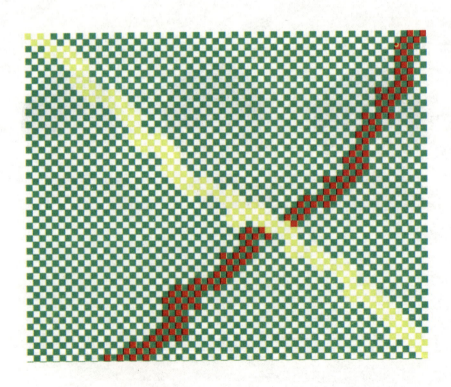

**27**

白色竖条

接着小智又在另一页发现了这样一道题：

如图，两个白色竖条的颜色一样吗？

**28**

哪个甲板更长

迪奥也笑着说："这道题也很有意思，不用尺子量，不用手比，你们能判断一下左右两艘轮船的甲板哪个较长，哪个较短吗？

# 29 哪个颜色更深

做了不少有趣的题，小智忍不住把这本书介绍给了迪奥和美美。果然两个人一拿到这本书，眼睛就再也离不开了。美美找到一个这样的题：

观察这幅图，中间的灰颜色更深吗？

# 30 散热器一样吗

"快来看，这里有一道关于汽车的题，咱们可以拿来让博士解解呢。"迪奥翻到一页画着两个汽车散热器的图说道。

小智和美美看了一眼，也很赞同。不一会儿，他们就来到了博士家。博士正在院子里洗车呢。

"博士，博士，我们带来了一道题想让您解呢。"美美还没进院子就大喊了起来。

博士放下手里的清洁布，兴致勃勃地看起了题：

> 如图，观察一下这两辆车后部的散热器，它们的高度和宽度是一样的吗？

## 31 正方形还是长方形

美美看着上面那个线段图，觉得真是不可思议，她接着说道："这道题好像和那个有异曲同工之处哦。你们看这个带锯齿的图形，你们觉得它是长方形还是正方形呢？"

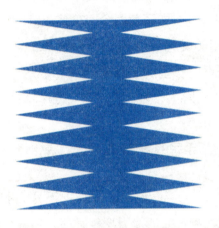

## 32 弧线比较

美美则是在给她的洋娃娃梳妆打扮中获得了出题的灵感，她请自己精通电脑的爸爸修改了一幅图，就成了下面的谜题：

图中人的眼部似乎有些不正常，哦，还是暂且忽略一下吧。

试着检查一下她的两个睫毛的弧度是一样的吗？

# 33 两个椭圆一样吗

　　小智的那本书让大家都好好地过了一把解题的瘾，而且也开启了大家的思维，现在他们几个无论走到哪儿都很注意观察周围的一切，并且也总是能从中发现一些奇妙有趣的题。

　　迪奥昨天去参加一个朋友的聚会，从一个礼帽那里获得了灵感，设计出了这样一道题：

仔细看一下，椭圆A是比椭圆B小吗？

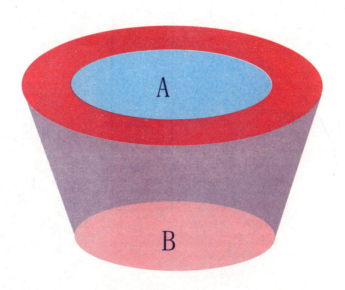

# 34 被隔断的拱门

小智则是从欣赏世界名画中获得了灵感，再结合以前听美美讲过的一个"圆形错觉"的题，设计了下面的拱门谜题：

拱门被中间的石柱隔断了，左右两边的弧线也错位了，是这样吗？

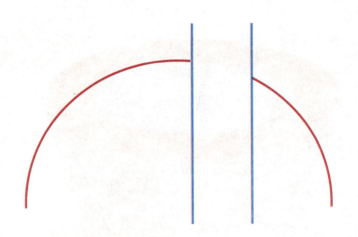

# 35 如影随形的目光

　　小智、美美和迪奥结伴出游时都会更多地注意一些有趣的现象。今天，他们三个一起去公园玩耍，经过公交车站的时候，小智发现车站旁的海报很特别。那就是无论你走到哪个位置，不论是前后，还是左右，海报里的人好像都在看着你。

　　美美和迪奥听了小智的发现后，也特意试了一下，果然也是如此，无论他们前后左右走到哪个方向，人像的目光都像是跟着自己在走呢。这是为什么呢？

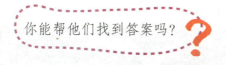

你能帮他们找到答案吗？

# 36 向前还是向后

　　小智爱搜集一些漂亮的绘画，家人知道他的这一爱好，看到什么好看的画就会替他搜集。昨天，爷爷送给小智的画是一匹在大路上奔跑的马，不过待小智仔细看了画之后，发现这幅画是一个绝好的视觉谜题，那就是画里的那匹马。

　　你能判断出它是正向你跑来，还是正在离你而去？

# 创意思维游戏

# 1 邮票有几枚

放学回家的路上，大家都爱凑对儿搭伴儿回家，你一言我一语地边聊边走，多远的路程一会儿也就到了。美美就爱和娜娜一起走，两个人你讲个笑话我说个故事，特别有趣。今天娜娜给美美出了一道这样的题：

8角的邮票每打有12枚，那么1.2元的邮票每打应有几枚？

# 2 谁走的路短

美美和娜娜经常在放学回家的路上突发奇想地去探险，当然，是在保证自己安全的前提下。因为两个人所在的小城里有许多纵横交错的街巷，今天美美、娜娜两人决定从甲处出发步行到乙处，娜娜认为沿着城边走路程短些，美美认为在城里穿街走巷路程短。

你认为她俩谁的路程短些？

# 3 龟兔比赛

迪奥的同学刘刚最爱出一些稀奇古怪但很有趣的题给大家猜，他觉得出一些能给大家带来快乐的题目也是一种课余的放松。今天课间，刘刚就给迪奥出了这样一道题：

兔子和乌龟比赛，比什么兔子肯定能赢乌龟？

# 4 浓烟飘向哪个方向

周末或者放长假时，小智常会跟着爸爸妈妈坐火车去另一个城市看自己的爷爷奶奶。听着火车哐啷哐啷在铁轨上前行的声音，小智由衷地体会到出行的快乐。

不过，这次在火车里，坐在对面的一个有点像布瓜博士的学者在和小智聊天的过程中，给他出了一道这样的题目，让他觉得旅途更有趣了。题目是这样的：

在铁轨上，有辆电动机车以每小时100公里的速度向前正常行驶着。迎面的大风以每小时30公里的速度刮过来。

你知道从车头冒出的浓烟会以什么速度飘向哪个方向吗？

## 5

## 自动飞回的皮球

迪奥用力将一只皮球扔了出去，球没有碰到任何障碍物，可奇怪的是，皮球在空中飞了一会儿后，又飞回到了迪奥的手中。

你知道迪奥有什么本事能让皮球自动返回吗？

## 6

## 新阵式

美美是学校鼓乐队的成员，鼓乐队一共有10个人，为了参加学校的一个大型活动，老师准备让鼓乐队变个新阵式，每排4人，排成5行，但是怎么排都没排好，最后聪明的美美想出了答案，帮助老师解决了这个难题。

你知道这个乐队是怎么排的吗？

# 7 指路

　　小智住在A，小智在学校最好的朋友广斌住在B。这天，广斌和小智约好要到小智家去一起做飞机模型，可是现在广斌不知道怎样去从没去过的小智家。小智该如何做才能以"最简单"的方式指引广斌用下面的地图找到自己的家呢？（广斌所走的路程不必是最短的。）

# 8 神奇的超车

　　布瓜博士买了车后还没有怎么用过呢，这天他带着迪奥、小智和美美开着新买的小汽车沿湖滨公路游览，迪奥他们坐在里面别提有多么开心了。这时，三个人从车镜里看到后面有一辆破旧的小货车，开得很慢，像一位老人在艰难地往后倒着走。小货车越走越远，渐渐看不见了，他们在车上都高兴得手舞足蹈。

　　湖边的路只有三米多宽，是单行线，玩儿了一会儿，三个人都玩累了，一会儿就睡着了。等他们一觉醒来时，简直不相信自己的眼睛，小货车竟然慢腾腾地开在了博士的车前面。

小货车是怎么超过博士的汽车的呢？

# 9 立体图形

　　女孩子通常爱玩洋娃娃、过家家，男孩子通常爱玩打仗、抓坏人的游戏，不过搭积木大概是所有男孩子和女孩子都爱玩儿的游戏了吧。反正美美就经常和小智、迪奥他们一起玩儿。这次，小智用积木堆了一个这样的立体图形（如图），把美美看得目瞪口呆，而且小智还给她出了个考题。

　　你能否根据立体图形的透视原理，推测出这个图形是由多少块积木堆砌而成的？

# 10 这句话对吗

迪奥对小智说："我能将100枚围棋子装在15只塑料杯里，每只杯子里的棋子数目都不相同。"这句话对吗？

# 11 问题手表

美美买了一个新手表。她与家中的大挂钟的时间作了一个对照，发现新手表每天比大挂钟慢3分钟。后来，她又将大挂钟与电视中的标准时间作了一个对照，刚好大挂钟每天比电视时间快3分钟。于是，她认为新手表的时间是标准的。下面几个评价中，哪一个是正确的？

A.由于新手表比大挂钟慢3分钟，而大挂钟又比电视的标准时间快3分钟，所以，美美的推断是正确的，她的手表上的时间是标准的。

B.新手表当然是标准的，因此，美美的推断是正确的。

C.美美不应该拿她的手表与大挂钟对照，而应该直接与电视上的标准时间对照。所以，美美的推断是错误的。

D.美美的新手表比大挂钟慢3分钟，是不标准的3分钟；而大挂钟比电视上的标准时间快3分钟，是标准的3分钟。这两种"3分钟"不是一样的，因此，美美的推断是错误的。

E.无法判断美美的推断正确与否。

迪奥的爷爷是个中国通，他特别喜爱唐诗，有时也会用唐诗出些字谜来考迪奥。唐诗填字谜是运用灯谜"漏字法"手法，先填好唐诗句中的空格，然后顺着填进的字，运用借巧、烘托、增损等手法，另成谜底。下面就是迪奥的爷爷出的一部分题，你试着来解解吧：

（1）二十四＿＿明月夜。（戏曲影片名）

（2）旧时王谢堂前＿＿。（影片名）

（3）转轴拨＿＿三两声。（影片名）

（4）＿＿能得几回闻。（影片名）

（5）今＿＿不乐思岳阳。（影片名）

（6）鸳鸯不独＿＿。（影片名）

（7）宠极＿＿还歇。（影片名）

（8）＿＿不与周郎便。（京剧名）

（9）相见时＿＿别亦＿＿。（成语）

（10）孤帆天＿＿看。（成语）

（11）言师采＿＿去。（中药名）

（12）＿＿长江滚滚来。（成语）

（13）我辈岂是蓬蒿＿＿。（成语）

045

# 13 哪颗行星

刘刚很喜欢天文学，没事也出点天文学的知识题考考迪奥。迪奥今天一进教室就接到了一道这样的题：

有一颗行星，你不必穿太空服，便可在上面做到一件事：往空中抛一个铁球，它只在空中走了一段路之后，又会折向你的方向返回来。

你知道是哪颗行星吗？

# 14 提示性推理

布瓜博士在收集古董的过程中，曾经从古董商人口里听到过几个有趣的谜题，他们给出答案的几个提示线索，由答题者从提示线索中找到共同处，最后推导出答案。博士觉得这样的谜题形式很新颖，所以他也常常出给小智他们听。今天，他出门时顺便往迪奥的信箱里投了一个谜题，题目是这样的：

由下列给出的提示线索推理出一个概念或名词。
A.元末明初　　B.三顾茅庐　　C.一部历史画卷

# 15 吃羊

《动物世界》是很多人都爱看的节目，里面经常讲述一些不为大家熟知的关于动物的各种有趣的事情。看起来喜欢芭比娃娃的美美应该是一个标准的动物"粉丝"，她特别爱搜集有关动物的有趣谜题，其中有一个这样的题目：

有一只野羊，狮子用2小时能吃完它，熊用3小时能吃完它，狼用6小时能吃完它。

如果3只野兽一块儿吃，用多少时间能够吃完它？

# 16 积木的组合

　　布瓜博士可不是一个光知道用脑子的人，他平常有很多爱好，旅行、冒险什么的就不说了，博士平常还爱做手工，比如制作积木。不过，今天他遇到一个难题，那就是如何把两个积木组合成图中的形状。

请问，他到底该怎么做呢？

# 17 公共汽车难题

游戏开始了，请你快速计算：

一辆载着16名乘客的公共汽车驶进车站，这时有4人下车，又上来4人；在下一站下去4人，上来10人；在下一站下去11人，上来6人；在下一站下去4人，上来4人；在下一站又下去8人，上来15人。

还有，请你接着计算：公共汽车继续往前开，到了下一站下去6人，上来7人；在下一站下去5人，没有人上来；在下一站只下去1人，又上来8人。

好了，记住你的计算结果，请问：这辆公共汽车究竟停了多少站？（不要重新计算哦）

# 18 如何称体重

　　小智、迪奥和美美3人将家里的一些废品，如废报纸、塑料瓶和一些酒瓶，用编织袋装着抬到废品站里去卖。卖完后，见废品站里有一台磅秤，3人都想称一称自己的体重。可废品站的叔叔说，这台磅秤最少要称50公斤，而他们每个人都只有25～30公斤，不能称他们的体重。真的不能称吗？小智他们3人很失望，正准备离开时，一位阿姨说，他们可以用磅秤称出各自的体重。真的可以哟！一直在想办法的小智忽然也想到了，只需称3次就可得出各自的体重。称完后，废品站的叔叔、阿姨都夸小智聪明。小智他们3人别提有多高兴啦！

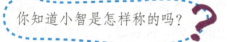

你知道小智是怎样称的吗？

**19 计算年龄**

小智从爷爷奶奶家探亲回来，给美美和迪奥还有布瓜博士带了不少的礼物，而且还把自己在火车上听到的一道谜题告诉了他们，谜题是这样的：

马丁带着一家人坐火车回家乡。车上遇到一个很爱唠叨的人，不停地问这问那，最后问起了马丁一家人的年龄。马丁就说："我儿子的年龄是我女儿的年龄的5倍，我老婆的岁数是我儿子岁数的5倍，我的年龄是我老婆年龄的2倍，把我们的年龄加在一起，正好是祖母的年龄，今天她正要庆祝81岁的生日。"

爱唠叨的人想了一会儿还是不明白。你知道马丁的儿子、女儿、老婆以及他自己到底是多少岁吗？

# 20 叶丽亚的年龄

布瓜博士说起他以前去各个地方旅游的经历时，谈到了一位叫做叶丽亚的小姐。他说人们都知道叶丽亚小姐长得漂亮，可很少有人知道她的确切年龄。只听人说，她的岁数非常有特色：

A．它的3次方是一个四位数，但4次方是一个六位数；

B．四位数和六位数由0～9这10个数字组成，且不重复。例如：四位数是"1234"，那么六位数的数字只能由"5，6，7，8，9，0"组成。

讲完这些，博士问道："你们能推算出叶丽亚小姐的年龄吗？"

# 21 K金问题

　　美美的妈妈最近迷上了看偶像剧，美美都有点哭笑不得了。要迷电视剧也应该是自己呀。不过，陪妈妈看电视的时候她倒发现了一个问题，那就是偶像剧里总是出现男主人公给女主人公送一些项链、戒指之类的黄金饰品的场景。美美发现人们通常都以K来表示黄金的含量。比如黄金的24K是指99.99％的纯金，因此12K就是纯度为50％，18K是75％。当你在买金饰品的时候，上面的纯度记号却是：375表示9K，583表示14K，750表示18K。

　　所以，美美有一个问题，那就是：946表示多少K？

# 22 反穿毛衣

　　小智的学校周末常常开展相关的拓展训练，校长说通过这种活动能帮助同学们建立起更好的合作意识，同时也锻炼反应力。这个周末，学校请来了著名的威德潜能激发教练给大家讲课。威德教练于是给大家出了这样一道题：

　　小强有一件漂亮的套头式毛衣，但是他把毛衣穿反了，印有自己名字的一面被穿在了后背上。他的两个手腕现在被一根绳子系住了，在不剪断绳子的情况下他该怎么把套头式毛衣的正面穿在前面呢（毛衣没有扣子）？

　　题说完没有多长时间，美美就很快地给出了答案。威德教练大大地夸了美美一顿，把美美高兴坏了。

　　你知道美美是怎么帮助小强解决问题的吗？

# 23 吝啬鬼的把戏

布瓜博士的生日快到了，小智三个人商量大家一起为博士买个生日蛋糕庆祝一下。于是，三个人一起来到了著名的"delicious"糕点店去买生日蛋糕。结账的时候，正碰到收银员在和一个人争论着什么。好像是对方买蛋糕却不付钱，而且还批评店家服务态度不好。

经过一番询问，收银员道出了事情原委，原来眼前这个人来买蛋糕，他先是花了10元钱点了一块慕斯蛋糕。等慕斯蛋糕上来后，他又要求换一块20元钱的黑森林蛋糕。收银员对他说："你还没有付钱呢！"吝啬鬼却说："我刚才不是付过了吗？"收银员说："刚才你付的是10元钱，而你现在买的黑森林是20元钱，还差10元钱啊！"

吝啬鬼说："不错，我刚才付了10元钱，现在又把值10元钱的蛋糕还给了你，不是刚好吗？"收银员说："那份10元的慕斯蛋糕本来就是店里的呀！"他说："对呀！我不是还给你了吗？"

结果，收银员怎么也算不明白吝啬鬼应该付多少钱，而吝啬鬼又坚持称自己不需要付钱，两个人这才争吵起来。听完他们的叙述，迪奥笑着对吝啬鬼说："其实这一点也不难，我来给你算算你究竟应不应该付钱。"迪奥说完后，果然两个人都不再争吵了，而且双方都心服口服地做出了自己该做的决定。

那吝啬鬼到底该不该再为黑森林蛋糕付钱呢？

# 24 冰糖葫芦串法

来到中国后，迪奥迷上了很多中国特色小吃，其中就包括酸酸甜甜的冰糖葫芦。只要看到那一个个红色的带着糖碴儿的小山楂，迪奥就有点无法自已了，非得吃上一串才行。周末放假，按照老习惯，小智又做了迪奥的小导游，两个人一起参观了城里的名胜古迹。

刚走到目的地，两个人就同时看到前面不远处卖糖葫芦的小摊儿了，这时，小智看着迪奥笑着说："迪奥，你那么爱吃糖葫芦，我就出一道有关糖葫芦的谜题让你猜吧，如果你能猜对，我就请你吃冰糖葫芦。"

"呵呵，好啊！能猜谜题，还可以吃冰糖葫芦，那就请你出题吧。"迪奥也笑着回答道。

"好，题目是这样的，假设现在一共有9颗冰糖葫芦，把3颗冰糖葫芦串成一串，可以串成8串。"小智边说边在地上画出了一个图形（见上图），"就像图里画的一样，现在只需要移动2颗冰糖葫芦，就可以串成10串，但还是3颗冰糖葫芦串在一起。"

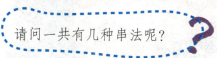
请问一共有几种串法呢？

# 25 洞中救鸟

　　小智很喜欢大声朗读语文课本，因为上面有很多精彩的文章，内容有趣，句子读起来朗朗上口。以前小智曾经看过一部叫做《城南旧事》的电影，电影里的小女孩儿英子就喜欢大声朗读课本里她最喜欢的文章《我们看海去》，那清脆的声音配合着蓝蓝的天空和参差的屋角，小智觉得妙不可言。这天，他正在屋里边看边朗读鲁迅先生写的《少年闰土》呢，迪奥进来了。

　　一进门，迪奥就笑着说："大老远就听到你在读书，我也很喜欢关于闰土的这篇文章。"

　　"你也喜欢？"

　　"是啊，我爷爷是个中国通，总爱向我推荐经典文章呢。我最喜欢闰土在月夜下捉猹的那段描写。对了，提到这个，我有一个关于鸟的有趣的谜题，你来解解吧。

　　田田在一片周围有很多沙子的地方捕鸟时，发现一只小鸟不小心掉进了一个小洞里出不来。小洞很狭窄，手伸不进去，如果用树枝戳的话，又会伤及小鸟。"

　　你能想一个简便的办法，把小鸟从洞里救出来吗？

# 26 布瓜博士去理发

听说博士都应该是不修边幅的，最起码应该有长长的、乱乱的头发和胡子，你是不是也这么想象布瓜博士呢？那你可就完全想错了哦。布瓜博士可是一个超爱干净整洁的人，他常常对朋友们说："真正有知识的人恰恰应该更懂得仪表的整洁，因为知识的多少不是靠头发和胡子的长度、乱度来决定的。"这也是为什么小智他们佩服博士为人的原因之一呢。

今天，布瓜博士去办事，决定在附近理发，可是周围只有两家陌生的理发店。第一家理发店，一眼看去非常脏，理发师本人也衣着不整，而且头发凌乱，而第二家理发店，店面崭新，理发师的胡子也刚刚刮过，而且头发修剪得非常好。已知两位理发师都不会给自己理发。

你认为布瓜博士会选择哪家理发店呢？

# 27 火柴的游戏

博士办完事刚回到家，就接到了小智几个人的电话，很长时间没见面了，大家都盼望来看看博士。博士高兴地在电话里说："好啊，我也很想大家。你们过来吧，这次出去，我可是想出了不少的新谜题呢，足够你们解一段时间了。"

放下电话不一会儿，小智几个人连同小P就到了。一进门，小P就兴奋地往博士身上扑，美美也一头扎进来，高兴地拉着博士的手说个不停："博士，您不是说有很多新的谜题吗？快给我们出一个让我们试试。您不在的这段时间，我们自己解决了很多谜题呢，我的能力又得到了很大的提高。"

"呵呵，好啊，那这个题就美美你来解吧。"博士笑眯眯地说道，"听好了，谜题是这样的：你用什么方法可以只用10根火柴就拼成一个含有10个三角形、2个正方形、2个梯形和5个长方形的图形来？"

# 28 糊涂的交易

今天一到学校，小智和美美就发现迪奥的情绪有些不太好，上课时也有些恍惚。于是，下课后，小智和美美一起来到迪奥身边，向他询问。先是小智关切地问道："迪奥，你有什么事吗？怎么看起来好像有心事。"美美也说道："是啊，我们都很担心呢。"

看到两个好朋友这么关心自己，迪奥觉得很高兴，他微微叹了口气说道："没什么事情。昨天是我爸爸的生日，我和妈妈本来想要好好为他庆祝一下的。但是，爸爸负责的业务出了一点问题，大家怎么也没想明白究竟是哪里出了问题，结果爸爸的生日就没有过好。"

不是我的错！

"是吗？那是出了什么问题呢？也许我们可以帮点忙也说不定呢。"小智说道。

"是这样的，我爸爸所在的美国公司最近向欧洲供应商订了一批半导体材料，这个项目很重要，所以订货时要求对方一定要在指定日期交货。可是，信誉良好的欧洲供应商到昨天为止，每一批交货日期都至少有一个月的误差，有些货物太早送到，有些货物却迟到，影响了这边工作的进程。所以作为负责人，爸爸就打电话质问其原因，欧洲供应商却说他们的货物都是由物流公司运送的，而物流公司则说他们也是按照合同上的时间按时送达的。大家谁也不知道问题出在哪一个环节。"

# 29 互看脸部

在实验室里，布瓜博士在电脑旁专心地工作着，小P在书桌下无目的地东嗅西闻。迪奥、美美、小智三个人则翻看着博士外出开会时带回来的照片和纪念品。纪念品中有两个少数民族模样的女孩儿雕像，这引起了迪奥的兴趣："博士，这两个小雕像是哪个民族的呢？"

博士抬起头来看了一眼："哦，这是傣族姑娘的雕像。迪奥还没有去过那些少数民族聚居的地方吧？"听了博士的话，迪奥点了点头。"以后有机会一定要去看看，那里有独特的文化和美丽的风景，你一定会感兴趣的。你们也看了半天了，现在我出个谜题，迪奥你来解一解吧。"

假设有两个人一个面向南、一个面向北站立着，在不允许回头、不允许走动、也不允许照镜子的情况下，他们要怎样才能看到对方的脸呢？

# 30 狭路相逢

　　"好了，大家好不容易放暑假了，那么，明天咱们一起乘坐'噼里啪啦'机进行一次短途旅行吧。大家觉得怎么样？"博士在实验室里伸了个大大的懒腰，冲着屋子里的人大喊了起来。噼里啪啦机是博士早期发明的一种可以带人旅行的"任意地"机器，因为时间长有些磨损，每次启动时总会发出噼里啪啦的声音，所以大家都戏称"噼里啪啦"机。它的功能很强大，也有些小脾气，会根据自己的想法去任何地方。所以乘坐它旅行永远不知道下一站会去哪里。

　　正在电脑旁攻克数学习题的小智，在沙发上读书的迪奥，还有正在和小P一起玩耍的美美同时抬起了头，高兴地回答道："好啊，好啊。博士的提议太棒了呢。呵呵，那么现在咱们就休息一下，每个人轮流给大家出一道题，让我们边玩边休息一下吧。"

　　"博士，那小P怎么办呢？"美美问道。

　　"就让小P坐在旁边学习吧。哈哈。如果没有问题，那我就先出题了。题目是这样的：一条河上有一座独木桥，只能容一个人通过。有两人来到桥头，一个从南来，一个向北去，想要同时过桥，该怎么过去呢？"

# 31 餐厅的老板多少岁

大家听了博士的谜题都开心地笑了。这时，一直坐在沙发里的迪奥笑着说："好了，下面由我给大家出一个题吧。题目是这样的：

有一个富足的法国人，8年前在香榭大道上接近戴高乐广场的地段开了一间餐厅，生意一直很红火。担任主厨的安德里的厨艺越来越好。他最拿手的是鸡肉料理，仔鸡和鹅肝是绝妙的搭配。餐厅里一共有128个位子，每到周末几乎都座无虚席。

最近他还跟年轻歌手蜜雪儿签了约，歌手经常在餐厅现场演唱，使得老板的银行存款逐渐增加。"

请问：餐厅的老板多少岁呢？

# 32 鸡蛋怎么拿回家

小智接着迪奥的话题说道："那现在该我出题了。美美，这次我要指定你来回答哦。"

听了小智的话，美美不服气地挑了挑眉毛说道："好啊，来吧，我可是勇者无惧的。"

"好，听好了，谜题是这样的。"小智笑着说，"乐乐打完篮球，穿着背心、短裤，抱着篮球回家了。路上他突然想起妈妈让他买些鸡蛋回家，于是就买了十几个鸡蛋。

可是，没有其他的工具，这些鸡蛋他该怎么拿回家呢？"

# 33 请病假

"哈哈，没有难倒我，那就该我出题了。博士，你们听好了。"美美手舞足蹈地说道。大家都一起乐呵呵地看着美美。

"题目是这样的，有一天，凯凯不想去上学，就让同学帮他带了一张请假条给班主任。为了表明自己真的病得很严重，凯凯用圆珠笔写了满满一张纸描述病情，并强调说自己是躺在病床上仰面写的。但班主任看了之后，就知道凯凯是想逃课。你们知道班主任是怎么看出来的吗？"

# 34 月亮游戏

大家听了美美的谜题都呵呵地笑了，直夸她题目出得好，美美好生得意。就在这时，一直在美美旁边的小P汪汪叫了起来，嘴里咬着一张不知从哪里弄来的纸一扭一扭地扭到了博士身前。

"嗯？小P难道你也有题要出吗？好，让我来看一看。"博士把纸拿起来，念起了纸上的题："在场的每个人把'亮月'这个词迅速说15遍，然后再让他把'月亮'迅速说15遍。等他说完后，你马上问他后羿射的是什么，并让他快速回答。"

"小P你又在捣乱了，这是什么题啊！"美美嗔怪地说道。可是旁边的迪奥、小智，甚至博士都已经试验起来了，嘴里叨叨地说个不停。

美美觉得很有意思，看到迪奥这边已经说完了，她马上把问题问了一下，那么迪奥是怎么回答的呢？

# 发散思维游戏

# 1 开关和灯泡

　　昨天小P出的谜题逗得大家哈哈大笑，大家又接着玩了很久才各自回家。今天一大早几个人就踏上了旅途。噼里啪啦机里备有房间，所以一上车，大家就各自找自己的房间入住，小P自然和美美一个房间，小智和迪奥一个房间，布瓜博士自己一个房间，三间房都是连着的。

　　不过，小智一进屋就发现了一个问题，那就是自己所在的甲屋和美美所在的乙屋的灯泡和

开关是分别安置的，即甲屋有3个开关，乙屋有3个灯泡。在甲屋看不到乙屋，而甲屋的每一个开关控制乙屋的其中一个灯泡。

　　现在问题来了，小智他们要怎样才可以只停留在甲屋、乙屋各一次，就知道哪个开关是控制哪个灯泡的呢？

# 2 测量牛奶

开关的问题解决了，大家高高兴兴地住进了各自的房间，由于旅途劳累，大家很早就休息了。第二天一早，几个人一起吃早饭。布瓜博士的兴致也很高，他边喝牛奶边给大家出了一道题：

"有一个牛奶瓶，其下半部分是圆柱形，高度为整个瓶高的3/4；其上半部分形状不规则，占瓶高的1/4。现在瓶内只剩下半瓶牛奶，在不打开瓶盖的情况下，利用一把直尺，怎样测定出这些牛奶占整个牛奶瓶容积的百分比？牛奶瓶的内径在求百分数时可以不计。"

# 3 摩托车比赛

　　吃完饭，小智几个人在布瓜博士的带领下去附近的湖边采风。郊外的风景真的很好，马路很宽阔，来往的车辆很少，两边还有绿油油的田野。正说笑呢，路上风驰电掣地开过去几辆摩托车，迪奥拍了下脑袋说："咱们有好几天没有解谜题了呢。刚才的摩托车倒提醒了我，我来出一个相关的谜题吧。是这样的：

　　达达和乐乐两兄弟经常用爸爸给他们买的摩托车进行飙车比赛。爸爸为此感到头痛不已。

　　有一天，爸爸对他们说：'我现在要你们两个进行摩托车比赛，晚到的车主就能够获得出海旅游的机会。'爸爸以为这样就可以阻止他们飙车了，没想到比赛一开始两兄弟的车速比以前更快了。"

这是为什么呢？

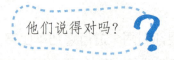

# 环球旅行

迪奥的谜题又一次引起了小小的猜谜高潮。接着小智也给大家出了一个和驾驶有关的谜题，不过这次的交通工具变成了飞机，题目是这样的：

两个人想从北京出发驾驶飞机环球旅行。一个人说："我向着北方飞行，只要保持方向不变，就一定能保证飞回北京。"另一个人说："我向着南方飞行，只要保持方向不变，也一定能飞回北京。"

他们说得对吗？

# 5 取滚珠

听了小智的谜题，布瓜博士突然变魔术似的从身后拿出一段两端开口的透明软塑料管。他神秘地对大家说："你们仔细看哦，在一段两端开口的透明软塑料管内，装有11颗大小相同的滚珠，其中有5颗是深颜色的，有6颗是浅颜色的（如图）。整段塑料管的内径是均匀的，只能让一个滚珠勉强通过。

如果不先取出浅颜色滚珠，又不切断塑料管，深颜色滚珠如何取出来呢？

老师，这个题我解出来了。

# 6 互相牵制的局面

听完讲解，大家都齐声称赞布瓜博士的智慧。同来游玩的布莱特是迪奥的好朋友，放假特意来中国旅行，看到这一车被谜题迷住的人，他觉得很有意思，忍不住也要出一道学来的谜题考考大家，布莱特的谜题是这样的：

一块由64个大小一样的白方格组成的正方形白布上，不小心被哪个淘气鬼碰倒了墨水。墨水正好洒在正方形白布的两条对角线处。魔法师伍迪说只要在干净处滴上8滴他特制的药水就可以让墨迹自动消除，但是这8滴药水不能处在同一横行或者竖行线上，也不准在同一

条对角线上，如果违反了，整块布都会渗透成黑色。现在，伍迪自己滴了一滴，剩下的7滴由你自己想办法解决。

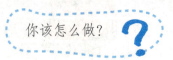

你该怎么做？

# 7 谁的孩子

布莱特一说出答案，大家才恍然大悟，都大力称赞布莱特的谜题出得精彩。没想到自己的谜题这么受欢迎，布莱特很高兴，他接着又说出了另一个谜题：

3个人在一起散步。第三个人说："第二个人是第一个人的孩子。"但第一个人却反驳说："我不是第二个人的妈妈，他也不是我的儿子。"

他们的话都是事实，那么是谁搞错了呢？

# 8 买东西

布莱特的同行给大家带来了很多欢乐，所以去湖边的旅程一点也不觉得枯燥，还在意犹未尽的时候，车子已经到站了。呈现在众人眼前的湖水一片碧蓝，四周的绿树轻轻地摇动，拂过脸上的风果然比别的地方的要清爽。一路上被憋坏了的小P立刻蹦蹦跳跳地往前方跑去，还不断地汪汪叫着。美美刚才一直在解别人出的谜题，这时终于也忍不住了，大声说道："等等，刚才没来得及说，现在我也要给大家出道题，谁最后一个想到，谁就要负责铺野餐用的桌布和摆放食物哦。"

听到美美的话，大家都禁不住大笑了起来，这个美美还真是不服输啊。布莱特用不太熟练的中文着急地说道："美美，你快说吧，我会负责铺桌布、摆食物的。"

"好，你听着：一个哑巴在商店买钉子。他先把右手食指立在柜台上，左手握拳向下做敲击的动作，售货员给他拿来了一把锤子，哑巴连连摇头，于是售货员明白了他想买钉子。哑巴买完钉子后高兴地走了。这时又进来了一个瞎子，他想买一把剪刀。"

请问他会怎么做？ **?**

# 9 如何过桥洞

大家正笑的时候，跑在最前面的小P不停地叫了起来，小智顺着小P的叫声看过去，才发现小P正得意地摇着尾巴站在一条船旁边呢。布瓜博士也看到了，他笑呵呵地说："走，咱们坐船好好与这美丽的湖水来一次亲密接触吧。"于是，大家一同往船上拥过去，小船在湖里轻轻地划动着，周围的水好像已经把大家包围起来了，所有人都沉浸在这美好的环境里。

这时，前方不远处的桥边传来一阵喧哗，顺着声音看过去，原来有一条装满货物的木船正准备通过一座桥洞。到底发生了什么事呢？小智他们慢慢靠过去，原来这条船上货物虽然不多，但和桥洞相比就装得高了一点，约高出桥洞1厘米。若要卸掉一些货物吧，无奈货物是整装的，一时无法卸下；若不卸吧，怎么也过不去。

开船的人很无奈地向小智他们求助：你们能否想个简单的办法让船通过呢？

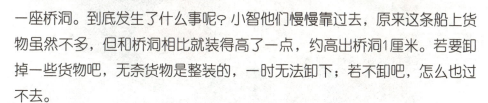

你能在不卸货的前提下帮忙解决这个难题吗？

# 10 园丁的妙招

　　没想到困扰了船主半天的难题被几个小孩子轻松地就解决了，船主连连对小智他们竖起大拇指，表示称赞和佩服。没想到，平常用于开拓智力、休闲解闷的谜题游戏今天竟然能帮助别人，小智他们也很高兴。待过了拱桥，布瓜博士又对孩子们说了一个谜题：

　　"公园里新运来一些漂亮的花岗岩，其中一块重达15吨，另外一些小的花岗岩也有150公斤重。现在园丁师傅为了更加美观，想把这块大岩石放到小岩石上，但想要搬动这块15吨重的庞然大物似乎不太可能。有一位新来的园丁得知此事后，轻松就把这块巨石搞定了。"

　　你们猜新来的园丁想出了一个什么妙招呢？

# 想象思维游戏

# 1 葱为什么卖亏了

　　"博士，你看，前面的桥头两边有好多人啊。"刚刚还沉浸在解谜题兴奋里的布莱特，像发现新大陆似的指着前方20米左右的地方喊起来。

　　"哦，那应该是一个集市吧，我们好像刚刚被噼里啪啦机带到南方喽。"

　　几个人当然不会错过这个机会，他们停船靠了岸，一起游览水乡小镇。两边很热闹，有很多做买卖的小贩不停地吆喝着。

　　这时，小智说道："你们看，那边有个卖葱的摊位啊。我这儿正好有个谜题和它有关，你们来猜猜吧。一捆葱有10斤重，卖1元钱一斤。有个买葱的人说：'我全都买了，不过我要分开称，葱白7角钱一斤，葱叶3角钱一斤，这样葱白加葱叶还是1元，对不对？'卖葱的人一想，7角加3角正好等于1元，没错，就同意卖了。

　　他把葱切开，葱白8斤，葱叶2斤，加起来10斤，8斤葱白是5.6元，2斤葱叶是6角，共计6.2元。

　　事后，卖葱的人越想越不对，原来算好的，10斤葱明明能卖10元，怎么只卖了6.2元呢？"

到底他哪里算错了呢？

看着眼前的一群孩子走到哪里都能活学活用谜题，布瓜博士真的很高兴。他笑眯眯地看着他们在前面蹦蹦跳跳地走，自己则在后面安静地跟着，不时地看看两边的风景与物品。这时，左前方的一个卖古董的摊位吸引了他的注意力。博士喜欢收藏一些古玩意儿，他没事的时候就爱到旧货市场上去转转。这个古董摊位他自然不会错过。博士走上前，摊主正拿着一面古铜镜在对围观的人群讲解呢，小智他们也凑过去仔细看了看，发现镜子上铸有"公元前四十二年造"的字样。"哇，博士，这个真的很老了。"美美大声喊道。

博士微微一笑说道："呵呵，这个是假的。"

假的？不用专家鉴定博士为什么一眼就知道这面铜镜是假的呢？

**2 古铜镜是真的吗**

听了博士的解释，大家都佩服得不得了。还是广学博识好处多啊。正说着呢，小P又一次汪汪叫着往前边跑去，不知道这回它又发现了什么。小智他们紧跟着走了过去，哦，原来前面有人正在卖西瓜呢。大家走了半天，此刻正好也觉得口渴了，于是便买了一个西瓜。正当大家要大快朵颐的时候，迪奥说话了："咱们人多瓜少，谁能有办法只切4刀就把西瓜切成15块呢？"

4刀切15块？听起来可真有点难了，亲爱的朋友。

**3 巧切西瓜**

你能帮帮迪奥吗？

# ☀4 冰上过河

切西瓜的谜题在大家共同的努力下成功解决了。甜甜的瓜瓤甫说多好吃了，众人都吃得心满意足。吃完西瓜，刚准备继续往前走，刚才还很热闹的集市忽然一下没有了，季节也一下变成了寒冷的冬天，出现在大家面前的是宽阔的松花江。

这可把大家冻坏了，布瓜博士赶紧从身后的"嘘寒问暖"背包里给大家拿出了棉服。大家一边跺脚一边抱怨："这个噼里啪啦机怎么说变就变啊？"

博士笑着说："呵呵，看来刚才大家吃西瓜没有它的份儿，所以噼里啪啦机生气了呀。"一句话把大家都说得笑了起来。

要想往前走，就要穿过松花江江面，但是现在的松花江江面只是结了一层薄薄的只有五六厘米厚的冰，冰上面覆盖着一层雪。很明显这样踩在冰面上是很危险的，只有等到冰层达到七八厘米后才会安全。

怎么办呢？大家正着急的时候，小智想出了一条妙计。众人只等了一会儿，冰层的厚度就达到了8厘米以上。

你知道他想出了一条什么妙计吗？ **?**

# 5 喝了多少杯咖啡

一番折腾后，大家好不容易才过了江，此刻每个人都希望能够喝上一杯热乎乎的饮料，暖暖身子。"看，前面有一家餐厅。"迪奥眼尖，率先看到了前面的招牌。大家赶紧往里拥去。进到餐厅里，每个人各要了一杯咖啡，香浓的咖啡一入口，大家心里别提多舒服了。

"布莱特，你在做什么啊？"迪奥看到布莱特把自己的咖啡只喝去了一半，然后兑满开水，接着又喝去一半时，再次兑满开水。

"呵呵，没什么啊。这样就可以多喝几杯了呀。"布莱特调皮地笑着说。于是在大家的注视下，布莱特又经过同样的两次兑水过程，咖啡最终喝完了。

"哈哈，关于布莱特的咖啡我有一个问题。"看完布莱特喝完所有的咖啡，迪奥忍不住说话了，"你们能计算出布莱特一共喝了多少杯咖啡吗？"

# 6 博士的考题

大家都为布莱特的"一杯咖啡"笑了起来，布莱特也不好意思地笑了。

"孩子们，咱们叫点东西吃吧，好饿啊。"布瓜博士提议道。

"好啊，我要先吃一个鸡蛋，刚才在集市里看到有卖烤鸡蛋的，觉得好香呢，但还没来得及吃就被噼里啪啦机带到这儿了。"美美可惜地说。

"呵呵，好啊，那美美我给你出道谜题，你要是能做出来，我就再额外奖励你一个鸡蛋。"博士说道。

"好吧，我接受挑战。"美美自信地说道。

博士拿起刚送来的鸡蛋说道："美美，你能把这个鸡蛋立在桌子上吗？"

"这有什么难的。"美美立刻动起手来，可是不管她左立右立，就是怎么也立不起来，无奈美美只好向博士求教了。而博士则轻而易举地就把鸡蛋立起来了。

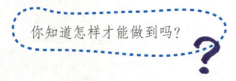

你知道怎样才能做到吗？

# 7 飞行员的姓名

"啊，这么简单啊，不算不算，博士你再出一道题，我一定能答上来。"美美撒娇地说道。

"呵呵，好吧，那你听好了。题目是这样的：你是从上海飞往深圳的一架飞机上的飞行员。上海距离深圳比较远，飞机以每小时900公里的速度飞行，要飞1小时40分钟左右。有一次，由于天气的原因，这架飞机中途做了一段时间的停留。请问这位飞行员的名字叫什么？"

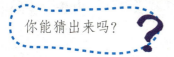

你能猜出来吗？

# 8 生日蛋糕如何分

博士预料到美美求胜心切，所以故意出了个绕弯子的题来考她，果然，一心想要抓住提示线索的美美把最开头的一句话给忽略了，结果又没答出来。不过，美美可没那么轻易说放弃，她从失败中总结经验，又让博士出了一道题。这次，博士出了一道和生日有关的题，题目是这样的：

今天是聪聪的10岁生日。舅舅给他送来了一个特别大的圆形蛋糕。可即使是聪聪的生日，舅舅还是要考一下他，舅舅对聪聪说："如果你能把这块蛋糕分成完全一样的两份，不但一样重，形状也要相同，而且分出来的形状必须全部由曲线组成，不准有直线段，那我就再奖励你一份礼物。"聪聪盯着蛋糕看了半天也不敢动手。

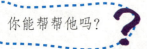

你能帮帮他吗？

# 9 最后的赢家

这次美美可一点没有马虎，很顺利地给出了正确的答案，大家都在旁边给她鼓掌。博士也高兴地说道："虽然这顿饭美美吃得这么辛苦，可是她锻炼了自己的能力，还总结了新的经验，也是物有所值了呢。"大家都赞同地点了点头。

吃完饭，大家正在享用餐后水果。这时，从隔壁桌子走过来一位金发老婆婆，她走到桌前对大家说："刚才听到你们猜了很多有趣的谜题，我觉得很有意思。我来自加拿大，平时也很喜欢猜谜，现在有一个谜题想要你们来解一下，可以吗？"

一听这位来自异域的老奶奶要出题，大家很高兴，赶忙请她坐下。老婆婆说道："谜题是这样的：有一张正方形的桌子，两个人先后在桌子上放置同样大小的硬币。谁能在桌子上放最后一枚硬币谁就是赢家。如果让你先放，怎样做才能保证你一定能赢呢？"（硬币不能叠放）

如果把桌子的形状换成长方形、菱形、圆形或者正六边形呢？

# 10 发现蓝宝石

只思索了一会儿，小智就把答案说出来了，接着迪奥、美美、布莱特也都相继想出了答案。老奶奶直夸大家聪明。小智又接着说道："老奶奶，中国有句俗话叫'来而不往非礼也'，我们也有道谜题想请您来解一下。"

"Oh,it's good.Please."听到也有谜题让自己解，老奶奶高兴地说起了英语。

小智先动手画了一个表格，然后说道："在表格的每一行、每一列中，隐藏了若干宝石，其数量是表格边的数字。此外，在某些方格中标记了箭头符号，意思是在箭头的前方藏有蓝宝石，当然在这个方向隐藏的蓝宝石可能不止一个。换句话说，每个箭头所指之处，至少能找到一个蓝宝石。请在表格中标出你所认为有蓝宝石的方格子，看你能找到多少个蓝宝石。"

# ⭐11 烤饼

老奶奶的思维真的好敏捷，三下五除二就把小智出的题解开了，大家齐声欢呼。整个餐厅里顿时有点喧闹的感觉，其他桌子上的人看着这群快乐的小孩儿和两个大人也觉得很有趣。

负责上菜的服务生二丫一直在注意听他们的解题，现在终于忍不住了，她礼貌地走过来说道："你们真是一群爱解谜的人啊。我有一道关于厨房的谜题，你们愿意猜猜吗？"

"当然，请说吧。"博士和小智他们友好地回答道。

"是这样的，厨房里有一种烤锅，一次只能烤两张饼，烤一面所需要的时间是1分钟。你能在3分钟的时间里烤好3张饼吗？注意：饼的两面都需要烤。"

# 12 摔不伤的人

解完服务生二丫的题，美美感慨地说道："这个世界上爱学习的人真多啊，而且学习内容竟然可以这么丰富，这么有意思，那些不爱学习的人有机会真应该也来试试呢。"

迪奥点点头表示赞同，接着说道："是啊，学习是一件无止境的工作，也是一件从探索中收获快乐的工作。我们真的应该好好珍惜。"

听了两人的发言，大家都表示赞同。这时，博士说道："好了，孩子们，今天咱们去了很多的地方，也解了很多的谜题，现在该回去休息了，让我们一起期待明天更美好的旅行吧。你看，噼里啪啦机已经在门外等我们了。"

和众人告别后，大家一起走到门外，上了噼里啪啦机。这时，二丫匆匆从餐厅里赶来，塞给美美一张纸，调皮地眨着眼睛说道："你们给餐厅带来了很多快乐和智慧，这个是送给你们的临别礼物啊。"

大家微笑着向她挥手告别，噼里啪啦机开始启动了。小智对美美说："快看看那张纸上写的是什么吧。"

美美展开纸仔细一看，原来上面是一道谜题，内容是这样的：

有一个人从20层大楼的窗户上往地面跳，虽然地面没有任何铺垫物，可是他落地后却没有摔伤。这是怎么回事？（答案在背面，二丫留）

# 空间思维游戏

# 1 巧手剪纸

第一天的旅途真是充实而愉快，这天晚上所有的人都睡得很香甜。第二天，大家一起床就发现自己到了一个古怪的地方。周围不像平常所见到的世界，好像是在一个立方体中，空间四周漂浮着很多奇形怪状的东西，伸手可及。一个椭圆体自动漂浮到窗户附近，小智伸手把它拿了进来，仔细一看，发现上面刻着一段文字谜题：

张大妈有一双灵巧的手，她最喜欢的是剪希腊十字架。但她剪的十字架和别人的不一样，用剪刀把包剪成5块，就做成了一个希腊十字架。

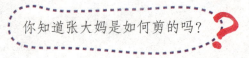

你知道张大妈是如何剪的吗？

同时还有这么几句话：

"如果你能解开这个谜题，你将会获得解下一个谜题的机会。当你解完四道谜题后，你就可以通过这个'PUZZLE空间站'，直接进入'SQ快乐智能旅行站'，那里会有很多的快乐等着你来体验。"

听小智读完这段文字，大家都迫不及待地说道："还等什么，让我们快快找出这道谜题的答案吧。"

# 2 有多少块积木

上个谜题的答案刚说出来，果然又有一个球体自动飘了进来，上面写着这样的字：恭喜闯过第一关。现在是第二关，仔细看我投射在地面上的图，图里是一座有6块积木高度的塔。

你能数出它总共用了多少块积木吗?

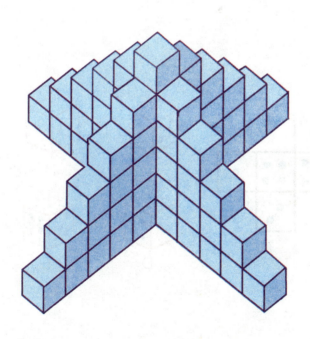

# 3 骰子构图

　　众人费了一番力也没能数明白，最后还是迪奥采取了巧妙的方法数出了正确的数目。得到满意的答案后，球体乖乖地退了出去，紧接着，从窗外又跳进来了一张图纸。图纸上写着这样的话：下图中，左侧是一个骰子面的展开图，右侧有A、B、C、D、E五个骰子。

　　请问：在五个骰子中哪一个是左侧的骰子面无法构成的？

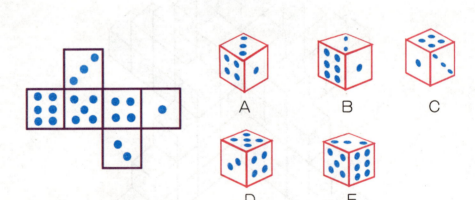

# 4 一笔画图

"耶，我们都解完三道谜题了，还有一道就完成任务了。"美美高兴地叫道。大家更高兴了，一个个跃跃欲试地等着下面这道谜题的到来。

奇怪的是，这次窗外没有什么东西闯进来，而是有很强的一束光在前方闪耀起来，很像一台老机器正准备在前方白色的幕布上投放一场电影。

周围暗了下去，前方白色的灯光区域闪现出一幅图和文字：下面这6个图形有一些是可以一笔画出来的，有一些是不能一笔画出来的。在不能重复画的路线的要求下，你能判断哪一些图是能一笔画出来，那些图是不能一笔画出来的吗？

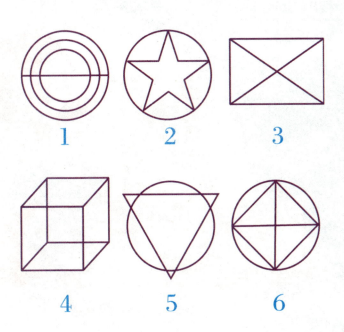

# 脑筋急转弯

# ⭐1 都喜欢听的字母

随着正确答案的说出，白色灯光处的图案渐渐消失了，接着出现了这样的字：恭喜，你们很顺利地通过了通往"SQ快乐智能旅行站"的考验，现在请看着前方，在心里默念一次"我要快乐"，你们就会站在旅行站的中央了。

大家听从指示，果然一眨眼的工夫，周围有点虚幻的空间就变成了一间看起来很普通的房间。房间似乎很小，但又很大，有很多的门，每处的设计都很可爱、漂亮。四周充溢着香甜的味道，每呼吸一口都令人感觉舒畅。

"看，有绿色的棉花糖啊。"美美跟着小P立刻找到了桌子上一个晶莹闪亮的糖罐，"糖罐上也有题目呢。"

美美开心地念道：这道题不会让糖更甜，但会让你更开心，来解解吧。

26个英文字母中哪两个字母很多人都喜欢听呢？ **?**

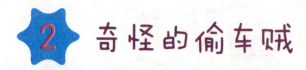

# 2 奇怪的偷车贼

随着美美打开糖罐，答案从一个棉花糖里蹦了出来。大家细细一想，都大笑起来。

"这儿有一辆奇怪的自行车啊。轮子是方形的，而且没有脚踏板。"布莱特的叫声把大家吸引到了旁边的一扇门里。果然那里有一辆方形轮胎的自行车。

车筐的地方还印有这几行字：

猜出下面这道题，它会变成一辆正常的标准跑车哦。

一天，有个偷车贼在四处无人时看到了一辆跑车，但他却没有偷。为什么呢？

张爷爷用
捕鼠笼……

## 3 一举两得

　　噗的一声，好像地面上冒了个水泡，眼前的车在美美说出正确答案后自动变成了一辆高级跑车。美美得意极了，闹着要和这辆车合影。其他的人则忙着在屋里其他的地方探宝。

　　另一个门里，迪奥大声地喊着："这是一个萝卜闹钟出的题，答对了它会变成一根黄瓜哦。"题目是这样的：

　　张爷爷用捕鼠笼在家抓老鼠，第二天一早发现笼子里关着一只活老鼠，而笼子外面却有两只四脚朝天的死老鼠。为什么？

# 4 技术高超的化装师

"变了，变了，是黄瓜。哈哈。"迪奥高兴地大喊起来。布莱特则大汗淋漓地搬着个箱子走到了迪奥旁边："我看看。果然是啊，好有趣。哈哈。"

"你拿的是什么？"迪奥看着箱子问道。

"箱盖儿上有谜题，答对了，才能打开呢。题目是这样的：

一个逃犯进了一位化装师的家，他逼着化装师为他化装，以便逃出这个城市。他化装得很成功，连逃犯自己也不认识自己了。

但逃犯一走上大街就被捉住了。为什么呢？"

# 5 获奖感言

箱盖儿自动打开了，但里面什么也没有，只有一页纸，布莱特捡起来一看，上面写着七个字："跟你开一个玩笑。"两个人哈哈大笑起来。

小智的声音响起来："你们快过来，我找到一个汽车模型，也有谜题。"

迪奥和布莱特循声跑了过去，"这次答对有什么变化？"迪奥问道。

小智说："答对了，它会变形。这个谜题是这样的，记者问汽车大赛的冠军：'您每次比赛都是倒数第一，这次却一举夺魁，请问有什么诀窍吗？'冠军的回答让记者很失望。"

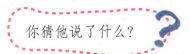

你猜他说了什么？

# 6 刻字

答案说出来后，小汽车在小智的手里蹦了两下，好像要翻身。迪奥说道："不会变成一个机器人吧，像变形金刚那样。"边说边摆了个姿势。话音未落，小汽车已经立了起来，接着轮子好像收进了一个袋子里，一下子看不到了。再细看，小智手里多了一块微型小黑板。三个人愣了几秒钟，终于爆笑了起来，这就是它的变形啊。不过，黑板上也有流动的字迹，挨个读过去，内容是这样的：

有一位刻字先生，他挂出来的价格表是这样写的：刻"隶书"四角，刻"仿宋体"六角，刻"你的名章"八角；刻"你爱人的名章"一元二角。

那么，他刻字的单价是多少？

### 7 不实用的布

　　"你们在笑什么啊？这么开心。"美美循声跑了过来，"你们看，我找到一条漂亮的花裙子。"美美说着转了个圈儿，这时小智注意到美美转动的时候似乎有一串字符在跟着慢速转动，但是当美美停下来时，那串字符就消失不见了。迪奥和布莱特也注意到了，他们同时大叫："美美，接着转圈，别停。"不明所以的美美听到喊声接着转了起来。于是迪奥一字一字地把谜题读了出来：

　　　　有一种布很长、很宽、也很好看，但是没有人用它来做衣服，它也不可能做成衣服。这是什么布？

# 8 蛋属于谁

　　题答出来了，但是美美也转晕了，一屁股坐在地上，边喘气边说道："这个谜题出得可真累啊。"几个人自然又是一阵大笑。笑了一会儿，小智问道："咦，博士呢？半天也没看到他了。"是啊，博士呢？几个人正纳闷呢，外边传来了博士的声音："小智，来门上标有6的房间，我在这里。"

　　听到博士的召唤，几个人立刻跑了过去，一进门就看到满屋子古香古色的家具，柜子上、地上有很多古董。怪不得博士会在这儿待着呢。

　　"小智，你们看，这幅《清明上河图》的背后有一道谜题，你们来解解看吧：王先生养了一只很漂亮的母鸡。有一天，王先生的母鸡在张先生的花园里生了一只蛋。请问这只蛋应该属于谁？"

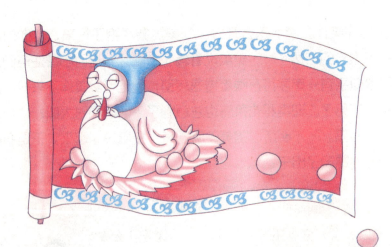

#  查明死因

"博士，正确答案说出来了，没有什么奖励吗？比如，这幅画会变成一块毛毯。"布莱特幻想似的问道。

"呵呵，你们看看正面的图。"

"哇，里面的人好像在动呢。"美美惊呼道，"真棒啊！"

"看，这个花瓶上也有一道题：有一只公狗在沙漠中突然死掉了，经过检查发现，它并非死于饥饿或干渴，也不是因为疾病。你猜它为什么会死？"博士接着说道。

# 10 睡美人的担心

　　"哈哈，没想到花瓶也会出这样的题啊。"美美和布莱特捂着肚子笑个不停。小智捧着一本线装书笑着走过来说道："你们看。我找到一本有趣的古代笑话书《笑林广记》。"

　　"这都是笑话吗？"迪奥好奇地拿过来想翻翻看，但是除了能看到封面，里面的每页纸好像被黏在一起了，怎么也翻不开。

　　"或许可以对它说点暗号吧。"布莱特又开始幻想了，"比如'芝麻开门'。"

　　但封面纹丝不动，博士拿过书轻轻说道："我们想要看这本书。"这时原先淡色的封面像变魔术似的呈现出一行字：

> 睡美人最怕的是什么？答对就可以看了。　❓

　　迪奥惊讶地说："古书原来也知道外国童话啊。"

芝麻开门、茄子开门

# 11 小猪为什么会死

美美把答案说了出来，结果书页立刻变得很柔软了，像普通的书一样很容易翻开。现在大家对这间屋子里奇怪的东西越来越感兴趣了，随手找题随手解决。迪奥在墙上挂的画里看到一道题：

一只小猪跑了，主人拿一根棍子赶它，院子特别大，可是小猪却撞死在树上了。为什么？

# 12 绝妙反击

这边迪奥的题刚解完，小智又在一堆泛黄的书堆里找到一个谜题：

新中国成立前，在上海租界的一家餐厅门口竖着一个木牌，上面写着："华人与狗不得入内。"这时，一个外国人从餐厅里走出来，见到了一个中国人，得意洋洋地说道："里面真的没有中国人和狗！"

这个中国人该怎样反击他呢？

# 逆向思维游戏

# 1 罗沙蒙德迷宫

知道了中国人的绝妙回答，大家都直夸回答得好。这时，博士说道："孩子们，咱们在这里时间够长了，这里的10号门通往下一个谜题世界。咱们去看看吧。"

众人收拾了一下东西往10号门走去。推门进去后眼前出现了一个偌大的迷宫，上方是它的名字"罗沙蒙德秘密基地"。下面是说明：

这儿的道路相当复杂，到处有死巷，周围有许多入口。

请找出通往秘密基地的路线。你会走到下一个谜题。**?**

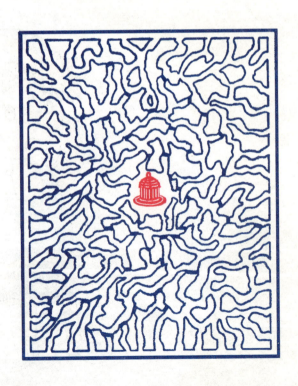

# 2 复杂的国际象棋

在博士的带领下，大家终于顺利通过了迷宫。在秘密基地出现的是一个很大的国际象棋棋盘。

前方的地面上显现着提示：

将16个国际象棋的士兵放进棋盘的方格里，要求每一行、每一列或任何一条斜线上的棋子加起来都不超过2个，并且一个格子只能放一个棋子。完成后你就可以找到这里的骑士了，从他那里可以看到下一个谜题。

"哇，越来越精彩了，这有点像哈利·波特的冒险呢。"迪奥和布莱特同时说道。

# 3 有名的数学谜题

　　包括博士在内五个人都充当了其中的"棋子搬运工"，大家一起努力终于将题目完成了。刚才的15个棋子立刻消失不见了，只在他们的左前方剩下其中一颗，浑身闪着亮光。"那就是骑士吧？"小智问道。

　　博士接着说道："没错，'周游的骑士'是一道很有名的数学谜题。'骑士'这个棋子的走法是，只能往前后左右移动一格后，再往斜方向移动一格（如图1）。

　　用'骑士'将8×8西洋棋盘上的每一格都恰好走过一次，假设起点为A，然后回到原点。同一格不可停留两次。"

你们知道该怎么走吗？

图1

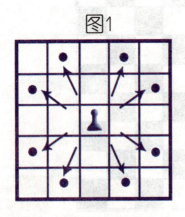

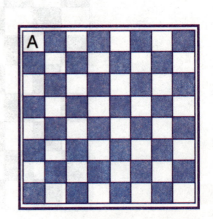

# 4 放多少个"王后"

站在棋盘中央的博士对大家说道："我们知道，在国际象棋中'车'可以向方格的四个方向移动，而'王后'可向八个方向移动。在国际象棋的棋盘上最多只能摆8个'王后'，才能避免她们互相厮杀。有一种六边形的棋盘（如下图），但它的'王后'只能沿着六个边向六个方向移动。"

你知道在这种棋盘上最多放多少个"王后"，才能避免她们相互厮杀呢？共有几种方法？

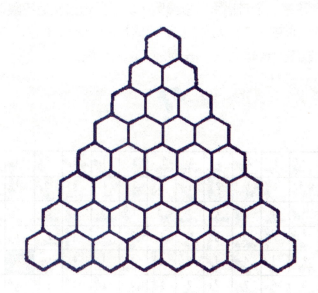

# 5 寻宝地图

　　随着答案的说出，眼前的棋盘消失了，地面又成为普通的地面，屋子里一片明亮，几个人仔细打量，又同时惊呼道："博士，这，这不是你实验室后面的小屋吗？"

　　"呵呵，是啊，看来噼里啪啦机在屋外等急了，所以擅自做主，把咱们又给送回来了吧。"博士依旧笑嘻嘻地回答道。

　　短期旅行已经结束了，可是大家觉得这短短的两天好像是很长很长的时间了，因为这期间经历的东西实在太丰富了，令人回味不尽。他们一有空就聚在一起说说感受。

　　窗外依旧是炎热的夏天，知了在树头卖力地叫喊，院子里树荫下，小智、美美和迪奥正坐着研究一张图。这张图是布莱特走时留下的，说是自己发现的一幅寻宝地图，请他们根据说明帮自己找出答案。说明如下：

　　寻宝者在每一个方格里只能停留一次，但通过次数不限；到每一方格后，下一步必须遵守其箭头的方位和跨度指示（如4↓表示向下走4步，4↗表示沿对角线向上走4步）；有王冠的方格为终点。

　　请问寻宝的起点在哪里？ **?**

# 6 难解的死亡密码

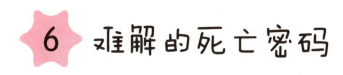

叮铃铃，电话响了。美美跑去接电话，一听就知道是博士的声音。脚下小P也不断地转着圈摇尾巴，仿佛知道是博士似的。

"美美，你们看一下邮箱吧，我刚想出了一道新谜题，你们试着来解解。"

"好的。我知道了。"放下电话，美美赶紧和小智、迪奥两个人打开了电子邮箱。附件里是一张图，名字叫"死亡密码"，正文是说明：

此图中DEAD（死亡密码）一词完整地出现了两次，它们的排列横、竖、斜、正、倒都有可能。

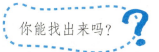

你能找出来吗？

```
E A E D E A A D E D E E A D E A
A E D E D A D D A D E E D A D E
D D A E E D A A D A A D E A E D
E D D E A E A A A E D A D D A D
A D A D E A E A A D A A D E A
E D D A D A D E D A A D A E A D
D A E E E E A A D E E D A D E A
A D E A A D A A A D E A A E A D
A D A D A A D A A D D A D D A E
E D A A D E D A A D D A A D A E
A D D A D A A A A A E D E A E
D A D D A D A D A D A D A D A D
E D D A D D E D E A D D A A D A
A E A D A A A E A D D A E A A D
E A D A A D D E D E A E A D E D
D E D A D D A E A D A E E A E A
```

# 7 环环相扣

待看到答案，几个人才明白所谓的死亡密码原来又是博士开的一个玩笑。哈哈，不过形式真的很特别啊。

这时小智说道："我昨天看书时，看到一个谜题，觉得很不错。我已经解出来了，迪奥、美美你们也来试试吧。题目就是这张图：

请你先仔细观察下面14个连在一起的铁环。"

看看哪几个环动手解脱之后，可使所有的环都脱离？

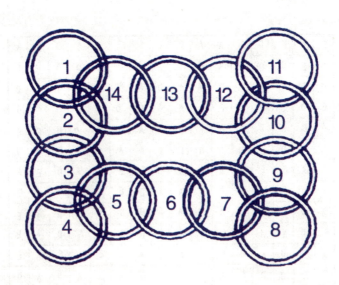

# 8 经理女儿的年龄

迪奥的爸爸今天回来，就给儿子出了一个学来的谜题：

1个经理有3个女儿，3个女儿的年龄加起来等于13，3个女儿的年龄乘起来等于经理的年龄。有一个下属已经知道经理的年龄是36岁，但仍不能确定经理3个女儿的年龄。经理说有两个女儿参加滑冰学习了，然后这个下属就知道了经理3个女儿的年龄。

请问：经理3个女儿的年龄分别是多少？为什么？

# 9 寻找巡逻路线

开学已经好多天了，正常的作息又开始了。不过，暑假里的离奇经历使得小智几个人学习斗志都很高涨，每门功课都学得很好。偶尔下课，他们还会在教室里和自己的同学共同解题呢。

今天，小智的同桌就给大家出了一道题。在一个大型的宫殿里，有8×8共64个房间，A、B、C、D、E是5个巡逻队员的位置。每天下午6点整，钟楼的钟声敲响，就表示A要穿过房间从a出口出去，同样，B从b出口出去，C从c出口出去，D从d出口出去，然后E需要从目前的位置走到F标记的房间。

上面的规定说不上有什么道理，但是自作聪明的巡逻队长要求5个巡逻队员走的路线绝对不准相交，也就是任何一个房间都不允许有一条以上路线穿过，巡逻队员从一个房间到另一个房间都必须经过图上所标识的门。

你能帮巡逻队员们找出他们各自的路线吗？

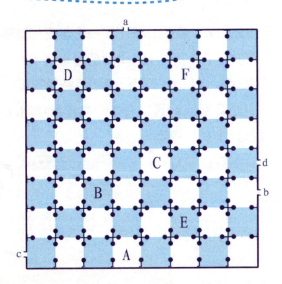

# 10 数字游戏

　　放学后，美美和好朋友娜娜一起走，通常小女生总是会在路上讨论讨论好吃的、好玩儿的。不过在美美的带动下，最近两个人总是会互相出题来娱乐。今天轮到美美给娜娜出题了，题目如下：

　　这是一个比一般数字游戏难一点的数字游戏。要求不仅每一行、每一列和每一个九宫格里必须包含1～9这9个数字，而且还要求在两条主对角线上也必须包含1～9。

# 11 找差别

前天放学路上，只顾着专心猜题的美美不小心把脚给扭伤了，周六只好乖乖地在家里休息，不能去找小智、博士玩了。这对于爱动的美美来说可是无聊透了。妈妈为了帮美美解闷，坐下来给美美出了道题：

有10筐苹果，每筐里有10个，共100个苹果。每筐里苹果的重量都是一样的，其中有9筐每个苹果的重量都是500克，只有1筐中每个苹果的重量都是450克，但是外表完全一样，用眼看或用手摸都无法分辨。

现在要你用一台普通的大秤一次把这一筐重量轻的找出来。

# 12 聪明的将军

"妈妈，虽然我的脚扭伤了，但我的智力好像是提高喽。"又解出了题，又有香甜的苹果吃，美美心里是美滋滋的。

正好，爸爸进来了，他听到美美的话笑着说："我们家美美也学会王婆卖瓜了。"

"王婆卖瓜？什么意思呀，爸爸。"

"就是自卖自夸啊。哈哈，这样吧，我就出一道题给你吧，看看是不是自夸得不实在。"

"哼，爸爸瞧不起我。好吧，那您就出题吧。我可不怕。"美美苹果也不吃了，专心地听爸爸说起了题。

"题目是这样：有一位将军特别善于调配士兵，一次他带了360名士兵守一座小城池。他把360个士兵分派在城的四面，每面城墙上有100名士兵。战斗打得好激烈，不断地有士兵阵亡，每减少20人，将军便将守城的士兵重排一次，使敌人看到每面城墙上依然有100名士兵。士兵的人数已降为220人了，四面城墙上仍有100名士兵。敌人见守城的士兵丝毫没有减少，以为他有大量的后备军，便撤军了。"

你知道将军是怎样巧妙布置士兵的吗？ **?**

# 13 猜名字

周三的语文课上，迪奥的老师和大家玩了一个逆向思维游戏，她先是在手上用圆珠笔写了A、B、C、D四个人中的一个人的名字，她握紧手，对他们4人说："你们猜猜我手中写了谁的名字？"

A说：是C的名字。

B说：不是我的名字。

C说：不是我的名字。

D说：是A的名字。

4人猜完后，老师说："他们四人中只有一人猜对了，其他3人都猜错了。"

你们能猜出老师的手中写的是谁的名字吗？

# 14 怎样修路

周五学校有个统一的大扫除，各班的同学都要把自己负责的区域打扫干净。但是，有时因为谁不小心打扫过了头或者弄脏了别人刚打扫过的地方，大家会绊绊嘴，不过大家的心胸都很豁达，很谦让，吵吵闹闹过后还是好朋友。这天，在打扫卫生的空当迪奥的朋友和迪奥聊起来了，迪奥就给他出了一道这样的题：

住在同一个大院里的4户人家A、B、C、D，就因为牛在院里的进出问题产生了矛盾，搞得大家彼此不相往来，结果只好各修了一条通往牛栏的路，两两还不能相交，以免见面又发生摩擦。

你知道他们是怎样修路的吗？

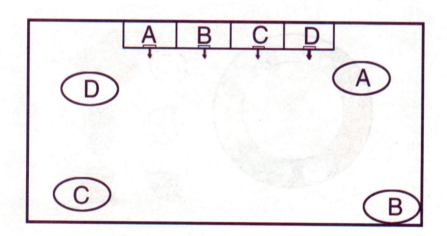

# 15 幸运轮盘

小智和美美正在屋里玩一个叫"幸运轮盘"的新游戏。这个游戏就是要想办法在这个幸运轮盘中放入右面6种水果。如图，轮盘1区已放入了苹果。

轮盘提供了摆放水果的三条提示线索：

线索一：橘子在菠萝后面，相距两个位置。

线索二：桃子的位置在葡萄和草莓的中间，但不知道顺序。

线索三：石榴在葡萄后面，相距三个位置。

要做到这一点，这三条线索所提供的信息可能不够多，但如果解题人能够加上一些自己的思考的话，就可以想出答案了。注意：最好注意一下轮盘上箭头的方向。

# 16 移棋子

小智、迪奥两个人平常除了解谜题，也爱聚在一起下棋。没事的时候，两人就会随意找个安静的地方杀一盘棋。有时，中间休息两人也会出些与棋有关的题目来锻炼脑子。今天，迪奥给小智出的题是这样的：

在图中有6枚跳棋的棋子，从左上方开始数，它们的序号依次是1，2，3，4，5，6。它们可以往上下左右或斜线方向移动，每一枚棋子移动一格算一步。你可以自由地移动它们，但最后的排列结果要符合下面的两个条件：

不论上下左右或斜线上任一方向，都不能有两枚以上的棋子在同一排；

A的位置上一定要有一枚棋子。

那么，要想满足以上的条件，最少应移动几步？

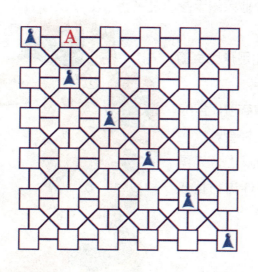

# 17 复杂的判断

前段时间，布瓜博士总是给几个人出逻辑方面的题，这下可把美美给迷住了，一天到晚总是有机会就找这样的题进行练习。如果在哪儿看到了同类型的题，她也总是很快就记下来拿给别人解。下午大课间休息的空当，美美给坐在前排的丽丽出了这样一道题：

所有参加足球比赛的运动员，都要进行兴奋剂检查；所有参加兴奋剂检查的人，同时获得了人身意外保险；有些参加足球比赛的运动员兼做商业广告；有些业余的歌手也做商业广告；所有业余的歌手都未获得人身意外保险。

问题：如果上述断定都是真的，则除了以下哪项，其余的断定也必定是真的？

**A．** 所有参加足球比赛的运动员都获得了人身意外保险。

**B．** 没有一个业余歌手参加过兴奋剂检查。

**C．** 有些参加足球比赛的运动员是业余歌手。

**D．** 有些兼做商业广告的人没有进行兴奋剂检查。

根据上面的叙述，先画关系图，对照条件进行比较选择。

# 18 老师的测试题

　　数学老师出了一道测试题想考考小智和迪奥。她写了两张纸条，对折起来后，让小智、迪奥一人拿一张，并说："你们手中的纸条中写的数都是自然数，这两数相乘的积是8或16。现在，你们能通过手中纸条上的数字，推测出对方手中纸条的数字吗？"

　　小智看了自己手中纸条上的数字后，说："我猜不出迪奥的数字。"

　　迪奥看了自己手中纸条上的数字后，也说："我猜不出小智的数字。"

　　听了迪奥的话后，小智又推算了一会儿，说："我还是猜不出迪奥的数字。"

　　迪奥听了小智的话后，重新推算，但也说："我同样推不出来。"

　　听了迪奥的话后，小智很快地说："我知道迪奥手中纸条的数字了。"并报出数字，果然不错。

　　你知道迪奥手中纸条上的数字是多少吗？**?**

# 19 大帅共有多少个兵

　　小智、美美、迪奥三个人一起去军事博物馆参观。博物馆里的很多东西以前都只能在书上或者电视里看上一眼，现在见到一个个展柜里的实物，大家更加感慨中国历史的悠久和文化的辉煌。

　　在导游的带领下，大家依次参观了诸多珍贵的历史照片和物品。走到一尊大炮前，导游介绍完相关历史后，给大家出了这样一道题：

　　"民国时期，某大帅是一位非常迷信的土军阀。有一次，他要领兵出征，攻打另外的一个军阀。出发前要来一次检阅，他命令士兵每10人一排排好，谁知排到最后缺1人。他认为这样不吉利，就改为每排9人，可最后一排又缺了1人，改成8人一排，仍缺1人，7人一排缺1人，6人一排缺1人……直到两人一排还是凑不齐。该大帅非常沮丧，认为这都是自己时运不济，不宜出兵，于是只好收兵不再出战。

　　这当然不是他的时运不济，也没有人恶作剧，只怪该大帅数学太差，他的兵数正好排不成整排。"

　　你能猜出大帅共有多少兵吗？（兵数在3000以下）

# 20 填色游戏

美术课上，老师在黑板上画了这样一个图形（如图），然后对大家说道："现在咱们先学会分配颜色。请大家将这些六角形分别涂上红、黄、蓝和绿色，使得：

（1）每种颜色的六角形至少有3个；

（2）每个绿色六角形都正好和3个红色六角形相接；

（3）每个蓝色六角形都正好和两个黄色六角形相接；

（4）每个黄色六角形都至少各有一边分别和红色、绿色和蓝色六角形相接。

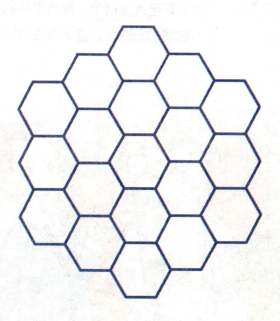

# 21 列车到站时间

布瓜博士乘坐高速列车从上海转道去北京参加一个学术会议。他怕耽误了开会时间，就问列车上的乘务员："火车什么时候到达北京站？"

"明天早晨。"乘务员答道。

"早晨几点呢？"

乘务员看布瓜博士一副学者气派，有意考考他："我们准时到达北京时，车站的时钟显示的时间将很特别：时针和分针都指在分针的刻度线上，两针的距离是13分或者26分。现在你能算出我们几点到吗？"

布瓜博士想了一会儿，又问道："我们是北京时间4点前还是4点后到呢？"

乘务员笑了一下："我如果告诉你这个，你当然就知道了。"

博士回之一笑："你不说我也知道了，这下我就可以放心了。"

请问，这列火车到底几点几分到达北京站呢？

# 22 可以看出几个靶子

今年小智的爸爸带着小智去打靶场练习打靶。一方面是为了锻炼小智的耐力，一方面则是为了开阔小智的眼界。爷俩常常玩得不亦乐乎。休息时分，小智的爸爸给小智画下一张图，出了一个与靶子有关的题目：

这是叠放在一起的很多个靶子，假如每一个靶子都至少有一部分能让你看见。

在这里你最多可以看出几个靶子？

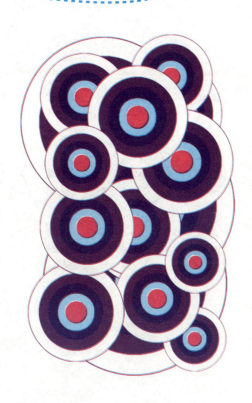

# 23 小P的难题

这只是一个游戏，骨头是不会动的，但小P要拿到所有的骨头也不是那么简单。如下图，小P从1号骨头的位置出发，沿黑线一直跑到12号骨头的位置，最终把骨头统统拿到，一根也不留，而且同一个地方不能去第二次。

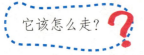

它该怎么走？

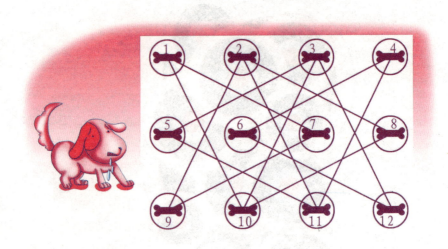

# 24 年龄的游戏

有一天迪奥和小智一起碰上了迪奥的3个叔叔A、B、C。迪奥对小智说："小智，关于我这3个叔叔的年龄的问题也可以构成一道谜题呢。你来试着解解吧。你很喜欢数学，我告诉你几个条件：

（1）他们3个人的年龄之积等于2450；

（2）他们3人的年龄之和等于我们两人爸爸的年龄之和（小智当然知道自己爸爸和迪奥爸爸的年龄）。

现在，你能算出他们的年龄来吗？"小智根据这两个条件算了好一阵，摇摇头对迪奥说："我算不出来。"

迪奥笑笑说："我知道你算不出来，再给你补充一个条件：

（3）他们3人都比你的阿姨露斯——你当然知道露斯的年龄——要年轻。"

小智马上回答说："现在我知道他们的年龄了！"说了这么多，下面才是本题的真正问题：

露斯的年龄是多少呢？

# 25 考考你的注意力

美美粗心的毛病一直令妈妈很头痛，博士说美美的粗心和她不能长时间集中注意力有关。所以，有空的时候，妈妈就会找些锻炼注意力的题来适当地让美美做做。今天，妈妈的题是这样的：

不许用铅笔或其他的工具，只用眼睛尽可能快地追踪下图中的每一条曲线对应的字母。

# 26 小蚂蚁搬家

生物课上，老师讲到动物的天气预警能力时，给大家出了这样一道题：

下大雨了，可怜的小蚂蚁又要搬家了。又饿又累的它要从立方体的A点走到B点。

你能帮它设计一条最短的路线吗？ **?**

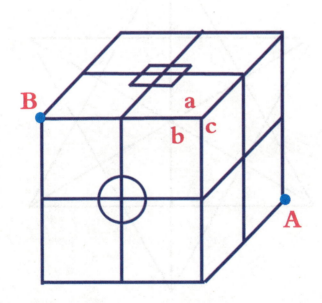

# 27 奇妙幻星

做完作业后，迪奥给美美和小智出了一道有关数字的谜题，内容如下：

你能将1～19的数字填入下图六角星的19个交点上，构成一个幻星，使每一条直线上的5个数字之和都相等吗？

# 28 漂洗海绵

　　小智将一块海绵放进墨水瓶内，蘸墨水画墨水画。画完后，他想将海绵中吸入的墨水挤出来。可是无论怎么挤，海绵中总要残留一些墨水。假定这块海绵对于密度在 1 左右的液体（如墨水、清水、墨水溶液）的存留量为 10 克。如用 100 克的清水对这块吸有 10 克墨水的海绵进行漂洗，即将海绵放入 100 克清水中，经充分搅拌，取出挤压后，海绵中留存的墨水溶液的浓度是多少？容易算出，是 10 ÷（100+10）≈ 9.1%。

　　小智想，能不能只用100克清水，使漂洗后的海绵中墨水的浓度在0.3%以内呢？ **?**

## ✦29 如何造马圈

　　迪奥在美国的叔叔有个牧场，牧场里养了21匹马，现在叔叔想把它们圈在一个正方形的马圈中，并在马圈内用栅栏隔成4个小马圈，使每个马圈里都有偶数对马再加上一匹马。可是叔叔想了半天也没能想出来，只好请迪奥来帮忙，不过迪奥也觉得有点头疼。

　　你能帮他们想出来吗？ **?**

# 30 奇怪的绳圈

美美在学校和同学玩翻绳儿的游戏，旁边的男同学总来捣乱，不是把她们的绳儿搞乱就是在旁边大声嚷嚷。美美很生气地喊道："李伟，如果你能解出我给你出的谜题，那我们就和你一起玩儿，不然就不要在这里捣乱。"

调皮的李伟眨眨眼睛说道："好啊，那你出题吧。"

于是美美把手里的绳子解开，使它成为一根完整的绳子，拿了几根钉子，然后绕了几下成为图中所画的模样，接着她对李伟说道："如果我现在依图中所标示的方向拉这条绳子的两端，绳子不会打结，但是会缠住其中的一颗钉子。"

那会是哪一颗钉子呢？

# 31 遥控器游戏

美美在客厅里看动画片，爸爸走过来想看看足球，可是怎样才能让美美心甘情愿地把电视让给自己呢？爸爸眼睛一转，想出了个主意："美美，我有个遥控器谜题，你要不要玩一玩？"

"遥控器谜题？好啊好啊。爸爸您说吧。"美美说道。

"哦，不过有个条件哦，要是你答不出来，那今天就得让我看球赛。"爸爸说道。

听了爸爸的话，美美哈哈地笑了起来，原来爸爸也有这么小孩儿气的时候啊。美美说道："好吧，我答应了。您就说谜题吧。"

"是这样的，有这样一个遥控器。"爸爸边说边在纸上画了个图，"在这个遥控器上，'播放'键表示前进一格，'快转／倒回'键表示前进／后退两格，那么从OFF走到ON有几种走法？要系统地解决这个问题，你可以从最靠近OFF的按键开始。"

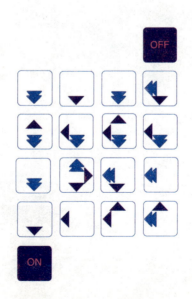

# 32 拼独特的图案

屋里，小智和迪奥正在互相出谜题考对方，现在迪奥正在给小智出题呢，这道题是这样的：

四格拼板是用4个小正方形组成不同的形状，共可以组成5种图案（如图）。五格拼板则是用5个小正方形拼起来的图案。

请问：五格拼板可以拼多少种独特的图案呢？

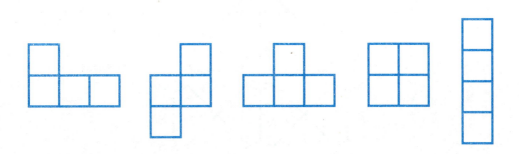

# 33 巧填八角格

上一道题，迪奥终于把小智难住了，不过小智可没有服输，他接着给迪奥出了一个这样的题目：

你能将 1～8 的自然数填入图中的八角格中，使相邻两数之间没有直线连接吗？

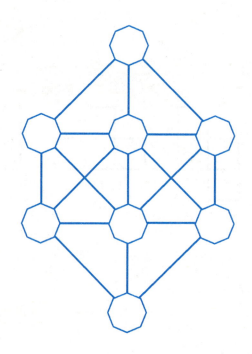

# 34 奇怪的时钟

迪奥买了一台奇怪的时钟，它的时针行走正常，可是它的分针不仅倒着走，而且每小时会走80分钟。已知6点半时时钟的显示是正确的。

请问下一次是在什么时候这台钟会再一次正确显示时间？

# 35 第三个图形

已知三个图形的变化（如下图），只有第三个图形的变化是未知的。这4个图形内部的小三角形标志的排列是按照一定的规律组合的。

请问，你知道下图中第三个图形内部应是如何变化的吗？

# 36 有多少种走法

美美专门去找博士解题了，今天的题看起来好像很有难度，美美觉得这次一定能让博士费点时间。这道题是这样的：

如图，这些砖块都是四四方方的矩形，虽然它们看起来像是歪歪的。如果从砖块A到砖块B要经过8个白色砖块和9个咖啡色砖块（包括A和B本身）。

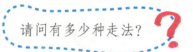

请问有多少种走法？

# 37 翻转符号

　　顺利解出美美谜题的博士看着美美沮丧的样子笑了，为了安慰美美，博士说道："美美，那我们来解一个翻转符号的题吧。"

　　"翻转符号？"听到新的名称，美美顿时忘记了不愉快，又兴奋起来。

　　请问：最少需要上下翻转几列，才能使每一行所包含的符号种类和数量完全相同？

# 38 找正六角形

布莱特给迪奥发来一封电子邮件，里面出了这样一道题：
如图，这是由三角形与菱形组成的图案。

事实上，在这个图案中藏有一个正六角形，请问在哪里？

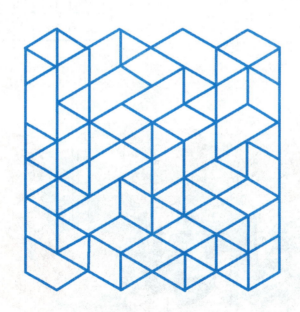

# 39 经理投票

A、B、C三个分公司的经理在总公司的年度预算会议上投票表决如何分配总额为4亿元的预算资金。这个预算案一共有甲、乙、丙3个提案（如下表所示），分别决定了各分公司可以获得的预算资金。

首先甲、乙两案进行表决，胜出的再跟丙案进行表决。

现在迪奥的爸爸是A公司的经理。

他应该怎么投票呢？

| 分公司 | 甲案 | 乙案 | 丙案 |
|---|---|---|---|
| A | 2亿 | 1亿 | 0亿 |
| B | 1亿 | 0亿 | 2亿 |
| C | 1亿 | 3亿 | 2亿 |

# 40 等式背后的逻辑

博士给小智列出了下面一些等式，让小智分析这些等式背后的逻辑，然后找出一个字母完成最后的等式。（可能有两个答案）

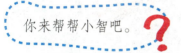

你来帮帮小智吧。 **?**

$$D+M=R$$
$$X-N=C$$
$$(K+R)÷R=T$$
$$(B×W)+E=Y$$
$$R×N×A=H+X$$
$$(X÷G)+F-K=?$$

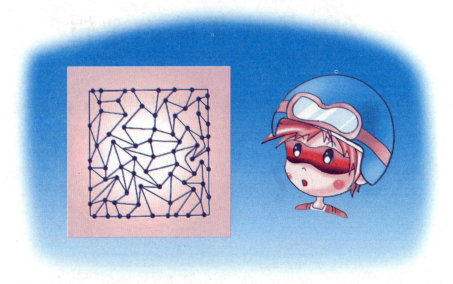

# 41 逃跑的特工

小智参加学校组织的模拟情景游戏，游戏中变身成为一名特工，成功混入敌人的秘密基地，完成任务后要趁夜色的掩护逃离基地。现在小智要面对的是一个蜘蛛网般的围栏。只有用手中的剪子在最短的时间内从上到下剪开一个口子，才可能成功逃离。巡逻队的脚步声越来越近！好好观察一下，注意，网结上是剪不动的！

最少要剪断多少根小智才能逃出？

# 42 博士的难题

一次好友的聚会上，布瓜博士和大家玩起了轮盘的游戏。现在轮盘赌局到了最后决定胜负的关键时刻。

现在占第一位的是博士，他非常幸运地赢了700个金币。占第二位的莎文小姐稍稍落后，她赢了500个金币。

其余的人都已经输了很多，所以这最后一局就只剩下博士和莎文小姐来一决胜负了。

博士还在犹豫着，要将手上筹码的一部分押在"奇数"上还是"偶数"上？赢的话他的赌金就会变成现在的两倍。

另一边莎文小姐已经把所有的筹码都押在了"3的倍数"上，赢的话赌金就会变成现在的三倍，如果够幸运，她就可以反败为胜了。

想想看，博士到底应该怎么下注才好呢？

# 游戏答案

# 视觉游戏

解析：

大小、形状完全一样。

 小智说明：

大家看到的这幅图是著名的"谢泼德桌面"，是由斯坦福大学的心理学家罗杰·谢泼德创作的。虽然图是平面的，但它却暗示了一个三维物体。桌子边和桌子腿提供的感知提示，影响了眼睛对桌子形状的判断。这会使你明白，有时候我们的大脑并不会乖乖地"如实陈述"它所看到的东西哦。

**2 眩晕的螺旋**

解析：

是一系列完好的同心圆。

 美美说明：

这张图看上去很像是螺旋，即使你试图用手指一条一条地去找出它的轨迹，你也仍然有可能上当呢。因为你的手指会不知不觉地跟着你的判断来进行移动，而不是根据事实。不过，如果你试着用手或者用书等其他什么东西来遮住图形的一半后再去看，你就不会有这种迷惑的感觉了。

布瓜博士堂：

这个图形也叫做弗雷泽螺旋，是由英国心理学家詹姆斯·弗雷泽于1906年创造的。

**3 不可能的盒子**

解析：

仔细观察，你会发现盒子的立柱是不可能成立的。

迪奥说明：

这是现实中不可能会有的一个盒子，尽管第一眼看上去，它确实没有什么特别的不同，除了颜色或许很夸张。不过，盒子最前面的立柱却泄露了秘密。这个盒子的模型是由比利时艺术家马瑟·黑梅克发明的。

**4 不可能的台阶**

解析：

这个台阶没有最低一级和最高一级的区分，它是一个"不可能的台阶"。

美美说明：

无论顺时针走，还是逆时针走，你将会永远走在这个台阶上，它不会太高，也不会太低，所以，这就是说它不可能的原因。

布瓜博士堂：

"不可能的台阶"的图形由基因学家莱昂内尔·彭罗斯于20世纪50年代中期首先创造，之后它又为M.C.埃斯彻尔创作经典相片"上升与下降"提供了灵感。

### 5 三角形错觉

解析：

绿色线看起来比红色线长，虽然它们其实一样长。

 迪奥说明：

视错觉就是当人观察物体时，因为不太准确的生活经验，或者选择了不当的参照物而形成的错误的判断和感知。在日常生活中，我们常常会遇到很多视错觉的例子。比如，大家都知道法国国旗是红色、白色、蓝色三色相间的，通常大家都会判断这三种颜色的面积是相等的，但实际上法国国旗上的红色、白色、蓝色三色宽度的比例为 30：33：37，是不相等的。为什么会产生这种错觉呢？这是因为红色给人以扩张的感觉，而蓝色则有收缩的感觉，这就是视错觉。本题中，大家对红色、绿色两条线的长短判断出现偏差，也是由于它们所处的背景与一正、一斜的位置对大脑起了误导作用而造成的。

### 6 波根道夫幻觉

解析：

黄线与白线共线。

小智说明：

其实这个图形很简单，但是关于为什么会发生幻觉还没有一种令人满意的解释。有一种原因可能是你的视觉系统对斜线路径的解释能力非常差，所以才会产生幻觉。这是19世纪经典的波根道夫幻觉的一个奇妙的变体。

### 7 连续线幻觉

解析：

很难完整地跟踪下来。

美美说明：

也许你已经尝试了好几次，不过相信你没有多少次是能完整地跟踪下来的。当然，我也没能做到。那么这是什么原因呢？经过仔细地翻阅相关资料，我发现产生这种幻觉的主要原因是我们人类的视觉系统追踪曲线路径的能力是非常差的。如果不进行追踪，眼睛就不能确定纤细的线的相对位置，甚至演示这个任务都是很难的。所以，你可不要灰心哦，和我一起继续努力吧。

### 8 颜色争论

解析：

两个大三角形分别是黄色和蓝色，两个小三角形的颜色则完全一样。

迪奥说明：

也许对大多数人来讲图里三角形的颜色看上去确实是不一样的，但这不过是一种错觉而已。之所以会产生这样的错觉，主要是因为大三角形的黄色和蓝色影响了人们的感觉。所以，眼睛有时也是会被自己欺骗的哟。

### 9 这是圆吗

解析：

尽管看上去不太圆，但它确实是标准的圆形。不信仔细量量。

### 10 巧去蓝点

解析：

用眼睛就可以了。

美美说明：

用眼睛盯着图中心的蓝点，不要转移注意力，不要眨动，慢慢地

你会发现蓝点不见了，这就是著名的填充幻觉。

你的视觉系统只对一个画面内的变化有反应。一个不断变化的刺激物比一个静止的物体更重要。你的眼睛不停做出轻微的眼部运动，这样会帮助视觉画面不断发生变化而且可以被看见。蓝点逐渐融进绿色，是因为没有眼部系统的参照物来调整眼部运动，而且稳定状态的刺激物逐渐被忽略，几乎不产生任何变化的刺激物最终都会被忽略。

### 11 酒杯还是人像

解析：

你可以看到酒杯，当然也可以看到两个人头侧面像。不同的酒杯，人头的侧面像也不同。让我来猜猜，你看这张图也许很多次了，但是，有一点不知你是否注意到：在任何时候，你都只能看见人像或只能看见酒杯。如果你非要坚持继续看，图形会自己调换以使你在人像和酒杯之间只能选择看到一个。奇妙吗？

### 12 奇特的烤肉串

解析：

也许都痛苦。如果有这样的肉，并且可以完全如图放在这样的架子上，你肯定可以卫生地吃吗？因为这样的肉串是根本不可能的。

### 13 图形幻觉

解析：

事实上，图中的五个部分的大小都是完全一样的，尽管一眼看上去并不一样。

### 14 直线还是曲线

解析：

竖线似乎是弯曲的，但实际上它们是笔直而互相平行的，你可以用尺量一下进行验证。

### 15 圆形幻觉

解析：

虽然端点看起来不能连在一起，但这是一个完整的圆形。

### 16 新米勒·莱尔幻觉

解析：

两条线完全一样长。背景的透视效果增强了视错觉的效果。

### 17 虚幻的三角

解析：

这是幻觉轮廓效应或主观轮廓效应。圆弧的端点消失在图形之中，但已被解读出来，这种解读是建立在判断它们的邻近终点成一直线的基础之上的。

### 18 虚幻的球体

解析：

尽管没有边缘和阴影来明确表现出这个球体，但是你还是能辨别出来的。

### 19 圆心在哪儿

在绿色弧线上。

### 20 高度/宽度幻觉

解析：

A的高度与宽度是不一样的，但是很显然有一个是一样的，那就是B的高度与宽度是相等的。你能想明白是什么道理吗？这就是横条纹欺骗了你的眼睛。这个道理就和生活中穿衣服的方法一样，胖人热衷于穿竖条纹的衣服，而瘦人则喜欢横条纹，因为，竖条纹的衣服能使人显得更高更瘦，而对于胖身材的人来说，横条纹只会使"宽度"

显得更突出。

### 21 明星幻觉

解析：

小智把照片里美美的眼睛和嘴巴颠倒了。

小智说明：

这幅图的灵感来自英国视觉科学家彼得·汤普森创作的玛格丽特·撒切尔幻觉。图中人物的嘴和眼睛是颠倒的，产生的效果是颠倒看美美照片时，美美是在笑；正过来看照片时，美美是在哭。

### 22 买一送一

解析：

仔细看，其实一辆车在另一辆车的上面，看到了吗？

### 23 智力测验

解析：

事实是：红方块儿比较大，而横线本身就是弯曲的。如果你回答红蓝方块儿一样大，两条横线是笔直的，你就上当了，因为这幅图根本没有幻觉。难道你还没有被视觉幻觉欺骗够吗？

博士说明：

眼睛有时会被欺骗，但是大部

分时候眼睛还是忠实地反映它所看到的东西的。大家应该养成既要有善于怀疑的科学研究精神，又要有相信自己的判断能力的习惯。

### 24 凝视的方向一致吗

解析：

莎莉和爱丽的眼睛其实是同一个人的眼睛，因此两个人凝视的方向是一致的，产生幻觉的原因在于她们的身体与头部姿势发生了变化。

### 25 三个人

解析：

这三张脸其实是同一个人。第一幅中的脸是其自身左脸和左脸的组合，第二幅是正常脸，第三幅则是右脸和右脸的组合。

大多数人的脸都是有些不对称的。你可能也发现了，实际上人的身体上有很多看似对称的器官其实都是不对称的，比如你的眼睛。你可能觉得对称的脸才真正好看，但如果真的对称，也只有少数人会这么幸运。

### 26 几种颜色

解析：

答案是几种？四种或者五种？实际上，图中只有3种颜色：白色、红色、绿色。其中一条看上去是大红的，因为周围绿色格子的映衬，所以看上去会更红一些。此图属于视觉侧抑制。

### 27 白色竖条

解析：

颜色是完全一样的。此图也属于视觉侧抑制。

### 28 哪个颜色更深

解析：

中间的灰色看上去显得深些，但实际上它和周边的颜色是一样的。

### 29 哪个甲板更长

解析：

看起来右面的轮船甲板比左面的短，实际上是一样的。甲板两端线条倾斜的方向蒙蔽了你的眼睛，造成了视错觉。

### 30 正方形还是长方形

解析：

正方形。锯齿干扰了对长度和宽度的判断。

### 31 散热器一样吗

解析：

散热器只是采用了不同的装饰而已，因此，右边那辆车的散热器显得比左边车的高些，其实它们的高度和宽度是一样的。

### 32 两个椭圆一样吗

解析：

椭圆B与椭圆A一样大，但看起来似乎椭圆A比椭圆B小。

### 33 弧线比较

解析：

两个睫毛的弧度是一样的，虽然左面的弧线看上去比右面的弧线要短些，凸度大一些。

### 34 被隔断的拱门

解析：

试着把右边的弧线延长并与左边的线的顶端相接，你会发现其实它们还是连在一起的，但是看上去却好像不是这样。

### 35 如影随形的目光

解析：

这里的"秘密"就在于人像的

黑眼珠正好在眼睛的正中位置。你可能注意过：当一个人正面对着你并且注视着你的时候，他的眼珠是在正中的；如果看旁边，他的眼珠则会偏向一边。现在这幅图中的头像是正面像，眼珠又在正中，所以无论你走到哪个位置，他似乎都在盯着你看。下次走到大街上，看到有同样感觉的广告海报时，你可以试着观察一下对方的眼睛是不是这样。

### 36向前还是向后

解析：

马朝你跑来。仔细看看这匹马的两只蹄子的方向，看到了什么？

# 创意思维游戏

### 1邮票有几枚

解析：

每打总是12枚，不会因为面值的变化而变化，所以1.2元的邮票一打也是12枚。

### 2谁走的路短

解析：

如果不考虑街巷的宽度，单从理论上推算的话，两人走的路程是一样长的。但实际上，美美走的路程要短些，因为街巷不是一条细细的直线而是有一定宽度的，路面越宽，美美走的路就越直，走的路也就越短，即可选择斜边走。而娜娜走的是两条直角边，而斜边是小于两直角边之和的。

### 3龟兔比赛

解析：

仰卧起坐，这样乌龟就输定了。你猜对了吗？

迪奥说明：

想想乌龟背上沉重的壳，再想想要比赛的项目，是不是很搞笑呢？

### 4浓烟飘向哪个方向

解析：

现在电动机车不像以往的蒸汽机车，它不会"喘气"冒浓烟了。这道题目与你开了个玩笑，不过它很能考出你的反应能力和观察问题的能力哦。

### 5自动飞回的皮球

解析：

没什么本事，只需要将球垂直向上扔再接住即可，想必你也一定能做到。

迪奥说明：

越是普通的事情换一种话语描

述，越会出现一种迷惑人的新颖，解决问题的思路有时也是这样。灵活运用，从多个角度试图找到答案，你会有更多的收获哦。

### 6 新阵式

### 7 指路

解析：

当广斌走到只有左转或右转两种选择的T字路口时，只要左转就行了。

### 8 神奇的超车

解析：

小汽车已经沿湖跑了一圈，又快追上慢腾腾的小货车了，所以落在小货车的后面。

### 9 立体图形

解析：

11+1+8=20块。

小智说明：

把这个立体图形分成3部分来数，左边的长方体完整地算应该有12块积木，按图里的显示缺少了一块，

所以实际有11块积木。最右边的长方体有8块积木，这样加起来一共有19块积木，再加上中间连接两个长方体的那一块积木，总共是20块积木。

### 10 这句话对吗

解析：

肯定不对。因为从第一只杯子里放1枚棋子算起，要想数目不同只能是把数量为2，3，4……的棋子去放入相对应的杯子里，这样得出15只杯子全不相同，最少所需的棋子数是1＋2＋3＋4……＋15＝120。现在只有100个棋子，当然是不够装的。

### 11 问题手表

解析：

D的评价是正确的。美美犯的正是"混淆概念"的错误，两个"3分钟"是不相同的，一个标准，一个不标准，因此，美美的推断是错误的。

### 12 唐诗填字谜

解析：

（1）"桥"，《断桥》（杜牧《寄扬州韩绰判官》）。

（2）"燕"，《燕归来》（刘禹锡《乌衣巷》）。

（3）"弦"，《心弦》（白居易《琵琶行》）。

（4）"人间"，《在人间》（杜甫《赠花卿》）。

（5）"我"，《勿忘我》（杜甫《寄韩谏议注》）。

（6）"宿"，《归宿》（杜甫《佳人》）。

（7）"爱"，《简爱》（李白《妾薄命》）。

（8）"东风"，《借东风》（杜牧《赤壁》）。

（9）"难"，"难"，难解难分（李商隐《无题》）。

（10）"际"，一望无际（孟浩然《早寒江上有怀》）。

（11）"药"，没药（贾岛《寻隐者不遇》）。

（12）"不尽"，取之不尽（杜甫《登高》）。

（13）"人"，后继有人（李白《南陵别儿童入京》）。

### 13哪颗行星

解析：

还用问吗？当然是我们生活的地球了。只有在地球上，你不必穿太空服。太空中有没有别的行星能如地球般可以让你在其上自由生活呢？到目前为止，应该说还没有找到。

### 14提示性推理

解析：

《三国演义》。

博士说明：

《三国演义》是元末明初时罗贯中所写。书中有一章节写刘备三顾茅庐请诸葛亮。《三国演义》再现了汉末的一段历史，是一部宏大的历史画卷。

### 15吃羊

解析：

狮子1小时吃1/2只羊，熊1小时吃1/3只羊，狼1小时吃1/6只羊，1/2＋1/3＋1/6＝1只，所以正好1小时吃完这只羊。

美美说明：

上面的是正确答案吗？看起来好像是对的，不过你想想，这可能吗？让狮子、熊和狼一起吃晚餐，它们还不先打起来？至于要多少时间能吃完，要看运气了。你看明白了吗？

### 16 积木的组合

解析：

两块积木是按照图中所画的方式组合在一起的。

😊 博士说明：

初看上去似乎觉得是不可能的，但其实就是图中所画的样子。这种组合方式实际上有很多木工在使用。

### 17 公共汽车难题

解析：

8站。

👧 美美说明：

确实很简单吧，但你是不是在费尽心思计算车上有多少人呢？注意力是有选择性的，当人们注意某项活动时心理活动就集中于这一活动，并抑制与这一活动无关的事物，所以，我们在做一件事情的时候，要把注意力集中到主要的任务上才能事半功倍。

### 18 如何称体重

解析：

先称小智、迪奥和美美3人的总重量，然后称小智和美美2人的重量，最后称小智和迪奥的重量。这样就可很快算出3人各自的体重了。你是这么想的吗？好简单哟！

### 19 计算年龄

解析：

通过解下面的方程：

$a+5a+25a+50a=81$

可以得知：马丁儿子5岁，女儿1岁，老婆25岁，马丁自己50岁。

### 20 叶丽亚的年龄

解析：

叶丽亚的年龄是18岁。

😊 博士说明：

岁数的3次方是一个四位数，那么从最小的四位数1000到最大的四位数9999之间，只有$10^3=1000$，$11^3=1331$……$21^3=9261$这12个数的立方数。而岁数的4次方是一个六位数，在这12个数中只有$18^4=104976$，$19^4=130321$，$20^4=160000$，$21^4=194481$这4个数的4次方是六位数。由于四位数和六位数由0~9这10个数字组成，且不重复。130321，160000，194481，都有重复的数字，不合题意，所以只剩下$18^4=104976$。再验

证 $18^3=5832$，刚好符合题意。

### 21 K金问题

**解析：**

22K。

**美美说明：**

因为纯金是24K，所以9K黄金的纯度以十进制表示为0.375。利用计算器，你可以将一个数目乘上0.024就可以转换成K数。所以，$946 \times 0.024 = 22.704$，即22K。

### 22 反穿毛衣

**解析：**

巧妙利用绑着的手腕就可以轻松解决。

**美美说明：**

看上去小强的手腕被绑住了，好像很难轻易地把衣服穿好，但仔细想一想，只要用三步就能解决问题了。首先，要把毛衣从头上脱下，这样就把它翻了个面，让它的里面向外挂在绳子上。然后，把毛衣从它的一只袖子中塞过去，这样又翻了个面，现在它正面向外挂在绳子上。最后，把毛衣套过头穿上，这样就把毛衣的正面穿在前面了。

### 23 吝啬鬼的把戏

**解析：**

当然要付钱喽。

**迪奥说明：**

在这笔账中，收银员之所以被吝啬鬼绕糊涂了，关键在于吝啬鬼巧妙地偷换了概念。事实上，第一次的10元钱在吝啬鬼支付了慕斯蛋糕的价钱后，就相当于"变"成了慕斯蛋糕，不能再算到别的账里了。而后来挑选的黑森林蛋糕的价钱自然不能累加，所以吝啬鬼还应该再付10元钱。你明白了吗？

### 24 冰糖葫芦串法

**解析：**

一共有三种串法。

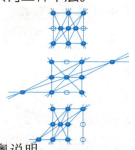

**迪奥说明：**

如果能够开拓思路，多想想一些日常不会注意到的细节，你就会发现这道题一点也不难。具体的三种串法如上图所示，你想到了吗？

## 25 洞中救鸟

解析：

可以利用沙子慢慢把洞填满，这样小鸟就会随着沙子的增多而往洞口走了。

小智说明：

学会巧妙利用工具解决问题可是会收到事半功倍的效果哦。你一定听过小乌鸦喝水的故事。往头伸不进的瓶子里不断地填充石子，水位因为空间被挤占而不断升高，最终只有半瓶的水能够上升到瓶口，小乌鸦可以轻松地解决口渴的问题了。和这个故事类似的还有很多寓言故事，如聪明的驴子自救的故事等，你不妨找来读一读哦。

## 26 布瓜博士去理发

解析：

第一家理发店。

博士说明：

因为附近只有两位理发师，这两位理发师必然要给对方理发。所以博士挑选的是能够给对方理出最好发式的理发师，那自然就是第一家的了。

## 27 火柴的游戏

如图所示：

美美说明：

通过不断地解题，我总结出一个道理，那就是只要思路开阔，能够举一反三、触类旁通，是不会有什么解不开的谜题的。比如，博士出的这道题，很多人一想到要摆很多形状，就会觉得10根火柴的数量太少了，根本不可能完成。其实，只要仔细想想，虽然要求摆的形状多，但不论是三角形还是梯形或者正方形，它们都有一个共同的特征，即都有闭合的边线，而这些边线是可以共用的，所以，我们可以利用这个特性"在图里摆图"，那么这些要求自然就能轻松完成了。

## 28 糊涂的交易

解析：

问题出在双方日期的书写方式不同。

小智说明：

不同的地区都有自己不同的书写习惯，尤其是像日期这种有前后关系的数字格式，美国公司习惯用的日期格式是月/日/年，而欧洲供应商的日期格式是日/月/年。比如，美国公司要求的是2004年7月5日送货，在书写时就会表现为7/5/04，而欧洲供应商却会把7/5/04表示的日期理解为5月7日。所以才会出现有的货物太早送到，有的货物却迟到的情况。

因为帮助迪奥的爸爸解决了这个迷惑，所以迪奥和妈妈又重新为爸爸补过了一个生日，我和美美也被邀请参加了。你问我有什么感受吗？呵呵，感受就是蛋糕太好吃了。

### 29 互看脸部

解析：

只要两个人面对面站立就行。

迪奥说明：

"一个面向南、一个面向北站立着"，如果你认为两个人是背对背地站立，那就得不出答案了。因为题目并没有规定两个人不可以面对面站立啊，这样也同样可以一个人面向南、一个人面向北站立。

### 30 狭路相逢

解析：

不要上当哦，他们可以同时过桥。

博士说明：

不要被题面的描述骗了啊，仔细分析，从南来和向北去那可是同一个方向，所以，他们可以一前一后地过桥。

（美美话外音：博士，博士，不算了，你要出个有难度的题啊。不然，我会把所有的题都答对的。）

### 31 餐厅的老板多少岁

解析：

老板的岁数就是法国人的岁数。

迪奥说明：

题目之所以绕来绕去说这么多，目的就是想迷惑你。这就是这个题目的创意之处。

### 32 鸡蛋怎么拿回家

解析：

利用篮球拿回家。

小智说明：

善假于物才是真正的聪明人。乐乐可以把篮球里的气放掉，把球压瘪，使球呈一个碗的形状，然后把鸡蛋放在里面拿回家。容量不小还不易摔破。美美这次答对了，你呢？还能想出其他更好的办法吗？

### 33请病假

**解析：**

漏洞就在圆珠笔上。

**美美说明：**

解这道题，要有一定的物理学知识。圆珠笔之所以能够写字，是因为笔头里的钢珠在滚动时，能将速干油墨带出来转写到纸上。圆珠笔里面的油墨会自动流动则是因为油墨受到重力。因此，倒着朝上写字的圆珠笔因为重力是写不出字的。你明白了吗？

### 34月亮游戏

**解析：**

月亮。

**小P说明：**

哈哈，小P还是让博士来代替说明吧。众所周知，后羿射的当然是太阳了，但是很多人未经思考都会做出反应，回答说"月亮"，这就是思维惯性的影响。

## 发散思维游戏

### 1开关和灯泡

**解析：**

先打开甲屋的一个开关，过一会再关掉，然后打开另一个开关，马上走到乙屋去。亮着的灯泡的开关就是第二次打开的开关。然后用手摸两个没有亮的灯泡，因为有一个开关事先打开了一会，所以有一个灯泡是热的，这个热的灯泡对应的就是第一个开关。剩下的一个开关就对应另一个没有亮过的灯泡了。

### 2测量牛奶

**解析：**

先把牛奶瓶正放，用直尺量出瓶子里牛奶的高度，再把瓶子倒过来，量出从牛奶的液面到瓶底的高度。将两次量出的高度相加，就是和牛奶瓶容积相等的圆柱体的高度。这样，就可以用牛奶的高度算出牛奶占整个瓶子容积的百分之几了。

### 3摩托车比赛

**解析：**

两兄弟交换了彼此的摩托车。

**迪奥说明：**

互换摩托车比赛巧妙利用了慢和快的定义，只要让对方的车变"快"，自己的车自然就会变

"慢"了。

### 4环球旅行

解析：

他们说得都不对，因为飞机越过南极和北极之后，就会改变方向。

### 5取滚珠

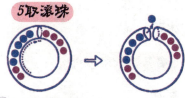

博士说明：

由于塑料管是软的，可以把塑料管弯过来，使两端的管口互相对接起来，让四颗浅颜色的滚珠滚过对接处，滚进另一端的管口，然后使塑料管两头分离，恢复原样，就可以把深颜色的滚珠取出来了。

### 6互相牵制的局面

如图所示：

### 7谁的孩子

解析：

他们都没有错，很可能是你搞错了。第一个人是第二个人的爸爸，第二个人是第一个人的女儿。

### 8买东西

解析：

直接说买剪刀就可以了。

美美说明：

你是不是想说用手作剪子状比画呢？错了，因为瞎子会说话，所以不需要用手比画。

还在布莱特使劲想答案的时候，美美已经等不及说出了答案。大家一听都笑了起来，这个美美总是出乎大家的意料，给大家带来很多笑声。布莱特呢，则不好意思地摸了摸自己的金发，也跟着笑了。

### 9如何过桥洞

解析：

很简单，只要在船上加些诸如石块等重物，使船下沉1厘米，就可以安全地通过桥洞了。

### 10园丁的妙招

解析：

这道谜题考的是创新思维能力，关键是看你会不会颠倒思考问题，而不是一味地想要把巨石搬到小岩石上。为什么不把小岩石放在巨石下方呢？新来的园丁指挥大家用铲子挖开巨石下方的土壤，把150公斤左右的小岩石放进去就可以了。

## 想象思维游戏

### 1 葱为什么卖亏了

解析：

要知道，葱原本是1元钱一斤，也就是说，不管是葱白还是葱叶都是1元钱一斤。而分开后，葱白却只卖7角，葱叶只卖3角，这当然要赔钱了。

### 2 古铜镜是真的吗

解析：

线索就在镜子上刻的日期里。

博士说明：

公元前四十二年的时候，公元这个概念还没有产生；汉字的公元纪年到20世纪才出现。在使用公元纪年前，是使用帝号纪年和干支纪年的。

### 3 巧切西瓜

解析：

横着切一刀，竖着切一刀，再水平切一刀，这三刀就把西瓜切成

了8块；然后在靠近西瓜中心的位置斜切一刀，在8块中，这一刀可以切成7块，这样就成了15块。

### 4 冰上过河

解析：

有两种办法：一是清除江面上的积雪，使寒冷传至冰层以下；二是在冰面上浇水。

### 5 喝了多少杯咖啡

解析：

一杯咖啡。

迪奥说明：

感觉上布莱特不断地往一半咖啡里加水，好像白喝了很多的咖啡，可其实最终也只是"一杯"而已。

### 6 博士的考题

解析：

其实很简单，因为是熟鸡蛋，所以只要拿起鸡蛋往桌上一磕，把下面的蛋壳磕破了，就能把鸡蛋稳稳地立在桌面上了。

### 7 飞行员的姓名

解析：

这位飞行员的名字就是"你"的名字。既然题是对美美出的，所

以名字自然就是美美了。

### 8 生日蛋糕如何分

解析：

舅舅的要求其实就是"太极图"的画法。

### 9 最后的赢家

解析：

应该先在桌子的正中心放一个硬币，之后无论对方怎么放，你只要在对称的地方放上硬币，直到对方无法放置，你就赢了。

不管换成什么桌子，只要它的形状具备上下左右的对称性，你先把硬币放在桌子的正中间就能赢。

### 10 发现蓝宝石

如图所示：

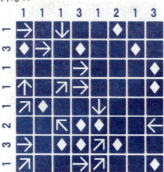

### 11 烤饼

解析：

假设3张饼分别为1、2、3，烤饼的具体步骤为：

先将1和2两张饼各烤1分钟，然后把1饼翻过来，取下2饼，换成3饼；1分钟后，取下1饼，将2饼没有烤过的一面贴在烤锅上，同时将3饼翻过来烤。

### 12 摔不伤的人

虽然是20层的大楼，但没有说那个人是从哪一层的窗户往下跳的，可以从20层大楼的第一层的窗户往下跳，当然不会摔伤了。

## 空间思维游戏

### 1 巧手剪纸

如图所示：

### 2 有多少块积木

解析：

66块。

## 3骰子构图

解析：

E。想象从一点到六点用左手握住，则三点在食指上方，二点在小指下方。对照来看，A、B、C、D皆可构成，唯E不可能。因为如在E的正常情况下，三点应有一点靠近五、六点形成的棱边，而E的三点没有。

## 4一笔画图

解析：

1、2、3可以一笔画出来，4、5、6不能一笔画出来。

# 脑筋急转弯

## 1都喜欢听的字母

CD。

## 2奇怪的偷车贼

解析：
因为那辆车是他自己的。

## 3一举两得

解析：
笼子外的两只老鼠看到同伴竟然笨得被抓住而活活笑死了。

## 4技术高超的化装师

解析：

化装师是照着另一个通缉犯的样子帮他化装的。

## 5获奖感言

解析：

我的刹车坏了！

## 6刻字

解析：

每个字两角钱。

## 7不实用的布

瀑布。

## 8蛋属于谁

母鸡。母鸡下的蛋当然属于母鸡自己了。

## 9查明死因

解析：

因为它找不到电线杆和大树这种撒尿的地方而憋死了。

## 10睡美人的担心

失眠。

## 11小猪为什么会死

解析：

因为小猪不会急转弯。

## 12 绝妙反击

解析：

中国人可以说："只要我和你一起进去，不就什么都有了吗！"

# 逆向思维游戏

## 1 罗沙蒙德迷宫

解析：

尝试把所有的死巷都涂上颜色，这样就可以找出如图中所示的正确道路了。

## 2 复杂的国际象棋

## 3 有名的数学谜题

解析：

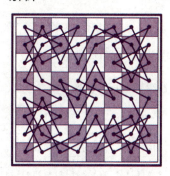

这是一道超难的谜题！除了图中的答案外还有许多走法，即便回不到原点，也算正确！

博士说明：

嗯，你们能想到这样的走法已经很棒了，值得表扬。希望你们以后能再接再厉，想到其他更好的方法。

## 4 放多少个"王后"

解析：

最多可放5个"王后",有3种放法,见下图:

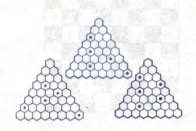

### 5寻宝地图

解析:

起点是左上角的格子4↓。建议倒过来从终点找起。

### 6难解的死亡密码

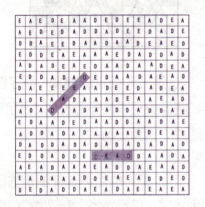

### 7环环相扣

解析:

只要把3,5,7,10,12,14六个环脱开,所有的环便都开了。

### 8经理女儿的年龄

解析:

3个正整数加起来等于13的情况共有以下几种:

| 女儿一 | 女儿二 | 女儿三 | 和 | 积 |
|---|---|---|---|---|
| 1 | 1 | 11 | 13 | 11 |
| 1 | 2 | 10 | 13 | 20 |
| 1 | 3 | 9 | 13 | 27 |
| 1 | 4 | 8 | 13 | 32 |
| 1 | 5 | 7 | 13 | 35 |
| 1 | 6 | 6 | 13 | 36 |
| 2 | 2 | 9 | 13 | 36 |
| 2 | 3 | 8 | 13 | 48 |
| 2 | 4 | 7 | 13 | 56 |
| 2 | 5 | 6 | 13 | 60 |
| 3 | 3 | 7 | 13 | 63 |
| 3 | 4 | 6 | 13 | 72 |
| 3 | 5 | 5 | 13 | 75 |
| 4 | 4 | 5 | 13 | 80 |

下属知道其经理女儿的年龄乘积是36,而乘积为36时有两种可能。当经理说有两个女儿去学滑冰的时候,如果是2,2,9这种情况,显然2岁的孩子还不能去进行滑冰学习。所以只可能是有两个6岁的女儿去学滑冰了。答案应该是

1岁、6岁和6岁，其中有一对双胞胎姐妹。

### 9 寻找巡逻路线

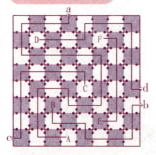

### 10 数字游戏

| 9 | 6 | 2 | 3 | 1 | 8 | 4 | 7 | 5 |
|---|---|---|---|---|---|---|---|---|
| 7 | 4 | 1 | 9 | 5 | 2 | 6 | 3 | 8 |
| 8 | 3 | 5 | 6 | 7 | 4 | 9 | 1 | 2 |
| 5 | 1 | 9 | 8 | 6 | 7 | 2 | 4 |   |
| 4 | 9 | 6 | 5 | 2 | 7 | 1 | 8 | 3 |
| 2 | 8 | 7 | 4 | 3 | 1 | 5 | 9 | 6 |
| 6 | 2 | 4 | 7 | 9 | 3 | 8 | 5 | 1 |
| 3 | 7 | 1 | 8 | 4 | 5 | 2 | 6 | 9 |
| 1 | 5 | 9 | 2 | 6 | 3 | 8 | 4 | 7 |

### 11 找差别

解析：

第一筐拿1个，第二筐拿2个，第三筐拿3个……以此类推，共55个苹果一起称。把称得的重量和55斤相比较，如果差50克就是第一筐轻了，差100克就是第二筐轻了，差150克就是第三筐轻了……以此类推。

### 12 聪明的将军

如图所示：

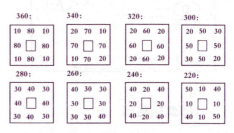

爸爸说明：

嗯，我们家美美真的很聪明。爸爸希望你以后能活学活用，把解谜题和生活学习都联系起来。

### 13 猜名字

解析：

是B的名字。

老师说明：

很明显，A与C两人之中必有一人猜对，因为他俩的判断是矛盾的。如果A正确的话，那么B也是正确的，与老师说的"只有一人猜对了"矛盾，所以A必是错误的。这样，只有C是正确的。B的判断是错的，那么他的相反判断就是正确的，所以老师手上写的是B的名字。

### 14怎样修路

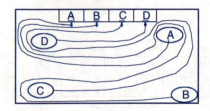

### 15幸运轮盘

**解析：**

根据线索二的提示，葡萄、桃子和草莓必定相邻。因为苹果已经填出的位置在1区，所以桃子一定在3、4、5、6区域。现在来看线索一和线索三。如果桃子在3区或6区（葡萄和草莓在它两旁），就会留下三个相邻区域给石榴、菠萝和橘子，使线索一和线索三不成立。进一步研究可发现桃子不会在4区，所以它必然在5区。由此可得出所有答案：葡萄在6区，草莓在4区，石榴在2区，菠萝在3区，橘子在7区，苹果在1区，桃子在5区。

### 16移棋子

**解析：**

最少得移动8步。

结果就像图中画的那样。移动的步数从1号棋子开始算，分别是：

1步＋2步＋1步＋1步＋2步＋1步。

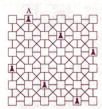

### 17复杂的判断

**解析：**

问题的答案是C，分清他们各自的关系，你就会一目了然。

### 18老师的测试题

**解析：**

两人手中纸条上的数字都是4。两个自然数的积为8或16时，这两个自然数只能为1，2，4，8，16。可能的组合为：1×8，1×16，2×4，2×8，4×4。

小智第一次说推不出来，说明小智手中的数字不是16，如是16，他马上可知迪奥手中的数字是1。因只有16×1才能满足条件，他猜不出来，说明他手中不是16，他手中的数可能为1，2，4，8。同理，迪奥第一次说推不出，说明他手中的数不是16，也不是1，如是1，他马上可知小智手中的数为8，因前面已排除了16，只有8×1=8能符合条件了，他手中的数可能为2，4，8。

小智第二次说推不出，说明他手中的数不是1或8，如是1，他能推出迪奥手中的数是8，同理，是8的话，能推出迪奥手中的数是2，这样小智手中的数只能为2或4。迪奥第二次说推不出，说明迪奥手中的数只可能为4，只有为4时才不能确定小智手中的数。如是2，他可推出小智的数只能为4，因只有2×4=8符合条件；如果是8，小智手中的数只能为2，因只有8×2=16符合条件。

因此第三轮时，小智能推出迪奥手中纸条上的数字是4。

### 19 大帅共有多少个兵

解析：

他一共有2519个兵。要想每排人站齐，总人数必须是每排人数的倍数，或是10的倍数或是9的倍数……如果是10，9，8，7……2的公倍数，那无论怎样排都是没有问题的。10，9……2的最小公倍数是2520。现在该大帅的兵数是2519，自然是怎么排都缺少1人了。公倍数有许多，因兵数在3000以下，所以我们取最小公倍数正适合。

### 20 填色游戏

如图所示：

### 21 列车到站时间

解析：

这列火车准点驶入北京站的时间是第二天的2:48。

首先，时针和分针都指在分针的刻度线上，让我们仔细看看钟（手表也一样）的结构：每个小时之间有四个分针刻度，在相邻两个分针刻度线之间对时针来说要走12分钟，这说明这个时间必定是n点12m分，其中n是0—11的整数，m是0—4的整数，即分针指向12m分，时针指向5n＋m"分"的位置。又已知分针与时针的间隔是13分或者26分，则可能有以下四种情况：

$13m-(5n+m)=13$ 或 $26$

$(5n+m)+(60-12m)=13$ 或 $26$

$(5n+m)-12m=13$ 或 $26$

$60-(5n+m)+12m=13$ 或 $26$

这是一个看起来不可解的方程，但由于n和m只能是一定范围的整数，所以还是能找出解来的（重要的是，不要找出一组解便满足了，否则此类题是做不出来的）。

博士便是以此思路找出了所有三组解（若不细心便会在只找到两组解后便宣称此题无解）。

已知：$m=0, 1, 2, 3, 4$；$n=0, 1, 2, 3, 4, 5, 6, 7, 8, 9, 10, 11$。

只有固定的取值范围，不难找到以下三组解：（1）$n=2$，$m=4$；（2）$n=4$，$m=3$；（3）$n=7$，$m=2$。

即这样三个时间：（1）2:48；（2）4:36；（3）7:24。

面对这三个可能的答案，博士当然得问一问乘务员了。乘务员的回答却巧妙地暗设了机关：

正面回答本来应该是4点前或是4点后。但若答案是4点后，乘务员的变通回答便不对了，因为这时博士还是无法确定时间是4:36还是7:24。而乘务员的变通回答却昭示道：若正面回答便能确定答案。这意味着这个正面回答只能是4点以前。即正点时间是2:48。

### 22可以看出几个靶子

解析：

将靶子涂上深浅不同的颜色，显示出共有17个靶子。

### 23小P的难题

解析：

狗的路线是：

$1 \rightarrow 7 \rightarrow 9 \rightarrow 2 \rightarrow 8 \rightarrow 10 \rightarrow 3 \rightarrow 5 \rightarrow 11 \rightarrow 4 \rightarrow 6 \rightarrow 12$。

### 24年龄的游戏

解析：

露斯的年龄是50岁。这道题要求解题者既想到代数计算又会合理分析。首先，在已给出的两个条件下，我们可以算出各种可能的年龄组合。

$2450 = 7 \times 7 \times 5 \times 5 \times 2$，这意味着可能的组合有：

(1) 2，5，245

(2) 2，7，175

(3) 2，25，49

(4) 5，7，70

(5) 5，10，49

(6) 5，14，35

(7) 7，7，50

(8) 7，10，35

这些年龄之和又分别是：

(1)252；(2)184；(3)76；(4)82；(5)64；(6)54；(7)64；(8)52。

小智是知道迪奥爸爸的年龄加自己爸爸的年龄等于多少的，可是他却说他算不出来！这意味着迪奥爸爸的年龄＋小智爸爸的年龄＝64，因为其他结果都会马上导致小智将年龄组合分析出来。而64这样一个结果使得他不知道是第五种还是第七种组合。但他却又知道露斯

的年龄，于是根据A、B、C都比露斯年轻这一信息，他马上可以断定出第七种组合不符合要求。反过来，我们也可以根据小智后来知道了结果这一信息，断定露斯只能是50岁，因为露斯哪怕大一点点，为51岁，小智就无从找出唯一的年龄组合，使得满足所有已知信息。

### 25考考你的注意力

解析：

1—M　2—G　3—R　4—H

5—D　6—S　7—E　8—B

9—K　10—F　11—P　12—C

13—I　14—A　15—J　16—L

17—O　18—N　19—Q　20—T

妈妈说明：

只要能够集中精神，专心致志做一件事，集中注意力并不是什么难事，谁都可以做到的。

### 26小蚂蚁搬家

解析：

将立方体展开（如下图），A和B的连线即是最短路线。

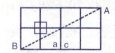
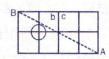

## 27奇妙幻星

如图所示：

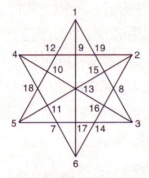

## 28漂洗海绵

解析：

首先将100克清水分为17克、17克、17克、17克、16克、16克共六份，一份一份地对海绵进行清洗。最后的浓度为 $(10/27)^4 \times (10/26)^2$，约为0.278%＜0.3%。

小智说明：

这里，没有把100克清水分成六等份，主要是想凑成整克数，这样看起来可以自然一些。其实把100克清水分成六等份，经六次清洗后，墨水浓度将变为 $[10 \div (10+100/6)]^6$，其近似值也是0.278%，但再精确几位小数，将发现它比 $(10/27)^4 \times (10/26)^2$ 稍稍小一点。可以证明，把100克清水分成若干份进行清洗，在分成同样份数的条件下，总是分成等量比分成不等量更有效。

## 29如何造马圈

解析：

如果你够聪明，肯定已经想到用层层嵌套的方法：把一个马圈套在另一个马圈里面，如图所示：

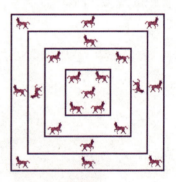

## 30奇怪的绳圈

解析：

右上的那颗钉子会钩住绳子。以下是将绳子两端连接后的图示，阴影表示位于环圈内的区域。

美美说明:

因为解不出题,所以李伟就不敢给我们捣乱了,我们玩儿得更高兴了。呵呵。

### 31 遥控器游戏

解析:

有17种走法。

美美说明:

哈哈,虽然我把答案解出来了,不过还是把电视让给了爸爸。因为爸爸平日工作那么忙,没有什么时间休息,作为女儿,我自然应该体贴辛苦的爸爸了。

### 32 拼独特的图案

解析:

12种图案。如果你找到的数目超过了12,你会发现,经过旋转或翻转,有些是相同的。

### 33 巧填八角格

如图所示:

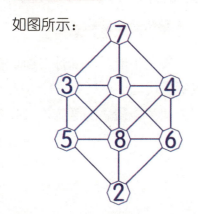

### 34 奇怪的时钟

解析:

3/7小时后这台时钟会再一次正确显示时间。

迪奥说明:

正常时钟的分针每小时走一圈,即360度,每分钟相当于6度。6点半时时钟的显示是正确的,下一次时钟正确显示时倒走的分针又落在正确的位置上。假定其间的时间为N分钟,如果分针行走正常,它将沿顺时针方向走6N度,现在倒走的分针沿逆时针方向则走80N×6÷60=8N度,两者之和正好是一圈360度:

6N + 8N = 360

14N = 360

N = 180 / 7分钟 = 3 / 7小时,即3 / 7小时后这台时钟会再一次正确显示时间。

### 35 第三个图形

解析:

### 36 有多少种走法

解析：

不管你走哪条路，都至少需要经过5个白色砖块。所以接下来你只能从5列白色砖块中再自由选择3个。因此这时问题就相当于：要将3颗球任意放进5个袋子，有多少种放法？

将全部3颗球放进一个袋子有5种方法；将其中2颗球放进1个袋子有5×4种方法；3颗球都放进不同的袋子有（5×4）/2种方法。因此，答案是：5＋20＋10＝35种。

### 37 翻转符号

3列：第1、第3和第6列。

### 38 找正六角形

如图所示：

### 39 经理投票

解析：

先投乙案，在第二次投票的时候还是投乙案。

迪奥说明：

先想想甲、乙两案的表决，A公司从甲案和快乙案中将获得的预算分别是2亿和1亿，甲案比较有利。同样地，对B公司来说也是甲案比较有利，所以如果A公司经理投甲案的话甲案就会通过了。

但是接下来甲、丙两案表决时，对B公司经理和C公司经理来说都是丙案有利，所以A公司得到的预算将是0。为了避免这种情况的发生，A公司经理在一开始时便投乙案，接下来当乙、丙两案表决时，站到C公司这一边使乙案通过，A公司就可以得到1亿的预算资金了。这是退而求其次的选择。

### 40 等式背后的逻辑

每个字母都以它的"笔画端"数目来代替。例如D是0、M是2、T是3。所以最后的等式为（4/2）＋3－4＝1，而答案是P（也可以是

Q，这要看你怎么写）。

### 41逃跑的特工

如图所示：

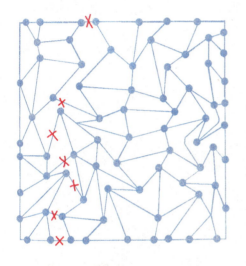

### 42博士的难题

解析：

跟莎文小姐一样，押500个金币在"3的倍数"上就可以了。

博士说明：

基本上只要跟莎文小姐用同样的方法下注就可以了。如果莎文小姐赢了，博士也会得到同样的报酬，他们的名次就不会受到影响。要是莎文小姐输了的话就更不会影响到名次了。

事实上博士只要押401个以上的金币，赢的话金币就会在1502个以上，仍然是第一名。

所以，在这种场合手里有较多金币的人便是赢家。